시전時田의 아침

시조사랑시인선 30

김은자
제3 시조집

시전時田의 아침

열린출판

시전時田의 아침

1판 1쇄 발행 2023년 3월 15일

지은이 | 김 은 자
펴낸곳 | 열린출판
등록 | 제 307-2019-14호
주소 | 서울특별시 서대문구 통일로 48길 13, 201호
전화 | 02-6953-0442
팩스 | 02-6455-5795
전자우편 | open2019@daum.net
디자인 | SEED디자인
인쇄 | 삼양프로세스

ⓒ 김은자, 2023
ISBN 979-11-91201-42-0 03810

*책값은 뒤표지에 표시되어 있습니다.
*저자와 협의하여 인지를 생략합니다.

■ 시인의 말

　50여 년 한길로만 음악의 숲속을 걸어오다 퇴직한 후 평범한 일상의 소중함을 늦게라도 깨닫게 되어 다만 감사할 뿐입니다.
　우리네 한평생을 살아가는 여정이 어쩌면 자연의 모습과 같다고 생각하면서 저 꾸밈없는 자연 속에서 그 순수를 배우며 뒤뚱뒤뚱 시전時田을 일궈온 21성상, 팔순을 맞아 세 번째 빛을 보게 된 시조집 『시전時田의 아침』은 시조의 정체성을 최대한 살려서 장황한 사설을 피하고 고도의 압축미와 절제미를 취하면서 내면의 큰 울림을 표출해 내려고 부단히 노력해 보았으나 역시 맛깔스러운 시어를 캐내기가 점점 더 어려워짐을 고백하지 않을 수 없습니다. 그러나 이 부끄러운 작품들을 통해 독자님들께 큰 희망과 용기, 그리고 작은 위안이라도 드릴 수 있다면 참 행복하겠습니다.
　저의 첫 은사恩師님이신 시조생활사의 유성규 박사님, 그리고 늘 바쁘신 중에도 평설과 서평을 써 주신 한국시조협회 이석규 교수님과 김흥열 명예 이사장님께 깊은 감사와 건강의 축복을 기원드립니다.

항상 곁에서 용기를 주며 응원해 주신 남편 차영호 자문위원과 삼남매 그리고 한 결로 한 곳만을 바라보며 시조의 밭을 일궈가는 소중한 문우들께도 고마움을 전하면서 호흡이 있는 날까지 붓을 꺾지 않도록 항상 동행하여 든든한 버팀목들이 돼 주시길 당부드리며 모두 모두 사랑하고 존경합니다.

■ 서문

『시전時田의 아침』에 부쳐

김흥열
(한국시조협회 고문)

먼저 『시전時田의 아침』 출간을 진심으로 축하드립니다.

"시전時田"이란 말이 조금 낯설기는 하지만 '시조를 가꾸는 마음 밭' 정도로 이해를 한다.

연송 김은자 시인께서는 시조를 지어 온 경력부터 대단하시다. 등단 4반세기를 맞고 계시다.

그동안 많은 작품의 생산과 수상 경력을 보면 얼마나 치열하게 시조 밭을 일궈 오셨는지 짐작이 갈 뿐만 아니라 존경심까지 갖게 된다. 내가 아는 연송 시인은 정情이 많으신 분이다. 그리움에 멍든 가슴을 안고 살아가는 시인이다. 따라서 시인이 엮어낸 시조집은 "향수鄕愁의 미학美學"이라 할만하다.

시詩는 인간의 가장 아름다운 내면이 세상으로 나온 향기로운 꽃이다. 시인이 추구하는 몸짓이며 노래이다.

예술이란 '아름다움을 표현하고 창조하는 일에 목적을 두고 작품을 제작하는 모든 인간 활동과 그 산물을 통틀어 이르는 말'로 시조 작가 역시 언어예술가이다.

이런 점에 비추어 볼 때 연송시인은 전통예술가이다.

700여 년의 역사를 자랑하는 시조의 창작은 완벽한 전통예술품이다. 예술가는 그가 창작한 작품을 가지고 판단해야 한다.

이제 연송 시인의 내면세계를 들여다 볼 수 있는 작품 몇 편을 골라 그 아름다움을 감상하기로 한다.

> 대동강 물색마저 빛이 바랜 기억 저편
>
> 댕기 머리 휘날리며 반딧불 쫓던 아이
>
> 장단 역
> 기적소리에
> 신명 나서 달려가네.
>
> 「노스탤지어nostalgia · 2」 전문

시인의 고향은 북녘이다. 하찮은 미물도 넘나드는 휴전선을 사람이 넘을 수 없는 현실이 그저 안타까울 뿐이다.

호사수구狐死首丘, 즉 여우도 죽을 때는 자기가 태어난 언덕을 향해 머리를 두고 죽는다는 말이 있는데, 하물며 만물의 영장이라 하는 사람이 이념의 틀에 갇혀 그 선을 넘을 수 없다는 것은 아이러니이다. 오죽하면 시인은 대동강 물색마저 빛이 바랬다고 표현했을까. 이산가족離散家族이 되어보지 않은 사람은 그 심정을 이해하기 어려울 것이란 생각이 든다. 나이가 들어갈수록 향수는 짙어진다.

지금 화자는 어린 시절로 돌아가 반딧불이를 쫓기도 하

고 기적소리를 듣고 달려가는 어린이가 되어 지난 시절을 회상하고 있다. 그러다가 문득 눈앞에 나타난 철조망을 보고 현실임을 깨달으며 가슴 치고 있다.

오늘도 허탕 칠라
안절부절 애태우며

지팡이에 몸을 맡긴
초점 잃은 눈동자에

한 방울 이슬이 비친다,
한 끼 양식 받아들고.

「주먹밥」 전문

이 작품은 균제미均齊美가 돋보이는 작품이다. 시조의 정체성을 완벽하게 살려내어 시조의 미학을 시현하였다. 필자는 오래전에 점심 봉사를 하러 다닌 적이 있었다. 길게 늘어선 줄에서 늘 불안함을 읽을 수 있는데 그것은 혹시 자기 앞에서 배식이 끝날까 하는 염려 때문이라는 사실을 뒤늦게 깨닫게 되었다. 안절부절못하는 그 모습이 눈에 선하다. '주먹밥' 한 덩이가 허기진 배를 채울 수 있다는 기대와 감사한다는 눈빛을 읽어 낼 수 있다. 아마 시인 역시 노숙인이거나 독거노인을 위해 봉사를 하다가 느낀 점을 형상화해낸 작품으로 보인다. 가슴이 뭉클해지는 작품이다.

노을을 밟으면서 따라나선 산책길에

반쪽의 뒷모습이 그믐달을 닮아 있어
스스로 되돌아보네, 세월보다 내 탓 같아.

고운 임 머리카락 갈꽃처럼 물이 들어
시아버님 마주한 듯 착각되는 늘그막이
애잔한 새벽달같이 이울어만 갑니다.

「내 큰 탓」 전문

첫수 중장은 그 비유가 훌륭하다. 부부가 해 질 무렵 산책을 하다가 문득 느낀 소회를 '반쪽의 뒷모습이 그믐달을 닮아 있다'라고 표현했는데 '그믐달'은 아마도 남편의 등 굽은 모습을 그려낸 것으로, '남편'이라 하지 않고 '반쪽'이라고 비유한 것도 아주 잘 된 비유이다. 그러면서 시인은 남편의 이런 모습이 자기 탓이라고 돌리며 가슴을 치고 있다. 갈꽃처럼 물든 남편의 머리를 보며 애잔함을 느끼는 시인의 마음이 보이는 듯하다.

늙어가면서 이처럼 서로 아끼고 애틋이 사랑하는 삶이라면 이는 틀림없이 성공한 인생이다. 나도 이런 마음으로 살아야 하겠다고 다짐은 해보지만, 현실은 그리 녹록지 않다.

포성을 가락 삼던 유월 산하 외진 골에
바람 맞서 흔들리며 생긋대는 여린 들꽃
울 엄니 눈물을 닮아 저리 곱게 피었네.

긴 날의 작은 소망 무지개에 걸어두고
밤낮을 애절하게 기도하는 여심같이
비바람 두려워 않고 꺾이어도 꽃은 핀다.

「야생화」 전문

이 작품을 통하여 시인이 하고 싶은 말은 무엇일까? 6·25 전쟁을 생생하게 기억하는 시인은 고통과 시련을 밥 먹듯 했겠지만 이를 극복해내야 하는 삶의 끈기를 말하고 싶은 것으로 보인다. '포성을 가락 삼던'은 6·25 당시의 비참함을, '여린 들꽃'은 철부지인 자기 자신을 말하는 것이며 둘째 수에서는 무지갯빛 꿈을 꾸며 기도하는 여심을, 종장에서 꺾여도 꽃이 피는 인내와 끈기, 난관의 극복을 빗대어 말하고 있다. 중장에서 '기도하는 여심'은 바로 자신이다. 둘째 수 초장에서 '긴 날의 작은 소망'은 무엇을 말하는 것일까? 참혹한 현실은 하루가 여삼추일 것이다. 끝날 것 같지 않는 하루하루가 얼마나 길게 느껴졌을까. 고통으로 연속되는 하루하루가 절망일지라도 그 절망 속에서 한줄기 작은 꿈을 키우는 연송 시인의 은근과 끈기가 엿보이는 대목이다.

아들에게 기대어도
휘청대는 노구老軀한 채

잔잔히 펼친그림
노을에 물이 들면

눈 깊이 음각돼오네,
미리 보는 내 모습.

「모자 상母子像」 전문

해가 설핏할 무렵 노모를 모시고 산책하는 모자상은 한 폭의 수채화이다. 노쇠한 몸을 아들에게 기대어 걷는 모습은 한 편의 단편소설이거나 영화이다. 우리는 누구나 늙게 마련이고 힘이 줄어들고 하는 그 과정을 벗어날 수는 없다. 지금 시인은 눈 앞에 펼쳐진 이 아름다운 모습을 "모자 상"이라는 조각 예술을 보면서 미리 보는 자신의 모습이라고 말한다. 아무리 요즘 세상이 이기주의에 빠져 효孝를 경시하는 풍조가 있다 하더라도 효는 역시 아름다운 그림이다. 우리는 보통 어떤 사물의 미美에 취할 때 '눈을 떼지 못 한다. 또는 마음을 도둑맞는다.'고 한다. 이런 표현은 이미 기호화돼버린 말이므로 독자에게 신선미를 주기 위해서 시인은 "눈 깊이 음각돼오네."라는 낯선 표현을 한 것으로 보인다.

이상 연송 시인의 작품집 『시전時田의 아침』에서 몇 편을 골라 감상해 보았다.

'시조'는 작가의 감정을 표현한 말이라 하지만 이 말은 작가가 느낀 감정의 본 모습을 충분히 나타냈다고 보기는 어렵다. 앞서도 말했듯이 작품은 작가가 자신의 느낌을 몸짓으로 표현한 기호일 뿐이다. 작가는 이 기호들을 모아 꽃단장을 시켜 좌판에 올린다. 독자는 기호들의 꽃단장만 보는 것이 아니라 기호의 의미를 되새겨야 한다. 진정한 작품의 깊은 맛은 그 기호들을 찻잔에서 짙게 우려낼 때이다.

연송 시인의 작품은 전반적으로 정체성이 분명하고 비유는 신선하다. 이 말은 전통예술로서의 가치를 충분히 살려내고 있다는 말이 된다.

앞으로도 계속 매진하셔서 시조 문단의 별이 되시기를 진심으로 기원하면서 졸필을 놓는다.

2022. 9.

■ 차례

- 시인의 말 __ 6
- 서문:『시전時田의 아침』에 부쳐(김흥열) __ 8

1부 첫눈

첫눈 ································· 25
그날, 그 기억 ······················ 26
은혜의 하루 ······················· 27
산책길에서 · 1 ····················· 28
본향을 그리며 ···················· 29
가을 풍경 ·························· 30
기다림 ····························· 31
불면, 그 긴 밤 ···················· 32
초설初雪 ··························· 33
노스탤지어nostalgia · 1 ·········· 34
유품遺品 ··························· 35
오늘도 ····························· 36
삶을 관조觀照하다 ················ 37
창밖엔 눈이 ······················· 38
영靈의 깊은 그곳엔 ················ 39
부활의 아침 ······················· 40
오십 년 걷다 보니 ················· 41
바람願 ····························· 42
봄밤에 ····························· 43

15

아, 그 날 ·· 44
민들레 ·· 45
백목련 ·· 46
벚꽃 ·· 47
사부곡思父曲 ·· 48
노을 ·· 49
이제는 ·· 50
어머니·1 ··· 51
공연을 보다가 ······································ 52
여일은 ·· 53
모두는 그리움 ······································ 54

2부 시선詩仙이 되어

혹사酷使 그 뒤 ····································· 57
안 된다, 또다시는 ································ 58
자연, 그리고 ······································· 59
삶의 모습 ·· 60
전설의 꽃 능소화 ································· 61
늦가을, 어느 날 ··································· 62
바벨babel의 궁전 ································· 63
어머니·2 ··· 64
장맛비 스케치 ····································· 65
삶, 그건 아름다운 느낌 ························ 66
산사에서 ··· 67

두 손을 모으며 …………………………… 68
창가에서 ………………………………… 69
열매달의 첫날 …………………………… 70
설중 홍매 ………………………………… 71
새날 ……………………………………… 72
어쩔 수 없어 …………………………… 73
시월의 나들이 …………………………… 74
아우성 …………………………………… 75
다시 가을인데 …………………………… 76
한 박자 느리게 ………………………… 77
태백산 정암사 …………………………… 78
고향집을 찾아 …………………………… 79
외딴 절집 ………………………………… 80
여망餘望·1 ……………………………… 81
참매미 …………………………………… 82
시선詩仙이 되어 ………………………… 83
어느 오후에·1 …………………………… 84
시샘 달의 하늘공원 …………………… 85
잠 못 드는 밤에 ………………………… 86

3부 사모곡思母曲

텅 빈 옛집 ……………………………… 89
금강산에서 ……………………………… 90
오늘도 안녕 ……………………………… 91

남촌에서 오는 봄 ············· 92
울적한 봄날 오후 ············· 93
푸른 달 ············· 94
물오름 달에 ············· 95
휴식 ············· 96
산사에서 ············· 97
새 터를 찾아 ············· 98
이 가을 ············· 99
낙조落照에 물들어 ············· 100
산문에 기대어 ············· 101
새날을 여닫는 해太陽 ············· 102
강가에서 ············· 103
작은 절집 ············· 104
연꽃 ············· 105
고독을 즐기다 ············· 106
향수鄕愁·1 ············· 107
올림픽 공원에서 ············· 108
주지 스님 ············· 109
기다림 ············· 110
플랫폼에서 ············· 111
사찰에도 역병이 ············· 112
사모곡思母曲 ············· 113
통일 염원 ············· 114
각角진 돌 ············· 115
울부짖다 ············· 116

이 가을, 널 그리며 ············· 117
가을 삽화 ················ 118

4부 못다 부른 노래

또 하루 ················· 121
돌아 보다 ··············· 122
노스탤지어nostalgia · 2 ········ 123
못다 부른 노래 ············ 124
생일선물 녹보수 ··········· 125
연모戀慕 ················ 126
요즘 세상 ··············· 127
시월이 가네 ············· 128
다시 11월 ··············· 129
피란 시절 ··············· 130
주먹밥 ················· 131
전선의 밤 ··············· 132
나我 ··················· 133
한 해를 보내며 ············ 134
새해를 여는 기도 ··········· 135
메타세쿼이아 산책길 ········· 136
고告하다 ················ 137
막막함 ················· 138
파도는 ················· 139
성내 천川 소묘 ············ 140

코로나레드red ·················· 141
독도 ································· 142
산골 폐교 ························ 143
벚나무 아래서 ················ 144
소싸움을 보다가 ············ 145
매화 ································· 146
산수유 ····························· 147
노송老松 ························· 148
시름에 젖어 ···················· 149
불면증 도진 밤에 ··········· 150

5부 어머니의 강

내 큰 탓 ·························· 153
사모思慕 ························· 154
덧없음이여 ······················ 155
모자 상母子像 ················ 156
망향가望鄕歌 ·················· 157
향수鄕愁·2 ····················· 158
넋두리 ····························· 159
망중한에 ·························· 160
힐링Healing ···················· 161
성취의 길 ························ 162
여망餘望·2 ····················· 163
능선에 올라 ···················· 164

자랑스러운 임 ·············· 165
야생화 ·············· 166
고요 속에서 ·············· 167
어린 새댁 ·············· 168
어느 오후에·2 ·············· 169
가을, 익어 가는데 ·············· 170
기도 ·············· 171
석류 ·············· 172
봄, 그리고 ·············· 173
금단의 땅 ·············· 174
모난角 돌의 꿈 ·············· 175
어느 폐선 ·············· 176
백련사 동백의 숲 ·············· 177
어머니의 강 ·············· 178
회상 ·············· 179
이별, 그 후 ·············· 180
일용직 근로자 ·············· 181
가을 산책길 ·············· 182

■ 평설: 이상향을 향한 그리움의 빛나는 노정路程
　(이석규) __183

1부 첫눈

첫눈

허공을 맴돌다가 가난한 꽃이 되어
눈발은 고요 속에 그리움을 지워가며
따끈한 찻잔 속으로 기억 하나 떨군다.

무아의 떨림으로 꽃다발을 주던 너는
묻어둔 속 뜨락에 아직까지 새싹이라
나이테 수북해져도 보석인 양 품고 산다.

그날, 그 기억
-2003년 2월 18일 대구지하철 참사를 기억하며

초록물이 오르기엔 아직 이른 이월 아침
악마 같은 불길 속 아비규환 끓는 절규
뒤엉켜 허우적대다 한 찰나에 스러졌지.

엄마 엄마 울부짖는 핸드폰 속 그 목소리
다시는 듣지 못할 마지막이 될 줄이야
이토록 허망할 수가 하늘마저 치를 떤다.

"묻지 마" 살인 폭행 애초부터 눈먼 세상
어쩌자고 어쩌라고 하얗게 사위었나
이렇듯 무력할 수가 원망조차 사치롭다.

* 2003년 2월 18일 등교와 출근 시간(사망자 192명, 부상자 148명) 총 340명의 사상자를 낸 대구 지하철 화재 참사를 돌아보며.

은혜의 하루

희대稀代의 센 역풍이 우리 삶을 흔드는데
엇박자 세상살이 하소연을 어데 할까
억새가 흐느끼면서 내 몫까지 꺽꺽댄다.

미친 듯 제멋대로 역류하는 저 강물도
네 탓만은 아니라며 그냥 허허 웃으란다
햇귀는 하늘을 열어 춘삼월을 선물하고.

산책길에서 · 1

풀꽃들 앙증스레 연못가에 둘러앉아
햇살을 듬뿍 안고 한들대며 반겨준다
하늘은 물낯 위에다 옥빛이나 덧칠하고.

풀 섶 마른자리 한 쌍의 청둥오리
물질을 잠시 잊고 죽지를 고르는데
먼 산이 슬몃 다가와 바랑 내려 쉬란다.

본향을 그리며

둥지를 떠난 화살 어디쯤 가고 있나
예감은 무뎌지고 육신은 낡아져도
마음은 색동옷 입고 앳된 날을 그린다.

한 평생 두 손 모은 간절한 소망 하나
내 심혼 은밀한 곳 임의숨결 간직한 채
하늘길 열리는 그날 당신 품에 들리라.

가을 풍경

모락모락 피어난다, 쪽빛 깊은 하늘에서
오늘도 놓지 못한 아빠 생각 엄마 생각
누굴까 숲속 벤치에 그림 같은 실버 한 쌍.

능선을 걸으면서 느긋하게 흥얼댈 때
장끼를 기다리던 한 마리 까투리가
조깅jogging로 숨찬 소리에 그만 놀라 날아가네.

하이힐의 굽 높이가 콧대인 양 착각하며
그토록 당당했던 젊은 날의 자존심도
꿈꾼 듯 찰나인 것을 이쯤 와서 알겠네.

기다림

명치끝 저려온다, 풍선 같은 그리움에
가슴에 깊은 화인火印 못 지우는 그 까닭은
무던한 마음씨에다 말이 없어 더 좋았어.

가을비 굵어지네 해넘이 어둑한 둘레
밝혀둔 지등 하나 바람 끝에 흔들린다
이 밤엔 뚜벅거리며 행여 찾아 들려나.

불면, 그 긴 밤

저마다 제 속도로 익어가는 이 가을에
잊고 싶은 기억들 퍼낼수록 차오르네
무릎뼈 삐거덕거리며 모반하는 밤이다.

보름달 이울도록 초침 헤며 씨름할 때
유난히 새벽 별이 눈물보다 시리지만
골 차게 새날을 열자 앞섶 고이 여미고.

초설初雪

하늘의 은총인가 간절한 기도처럼
예배당 종탑에도 한 알 남은 홍시에도
내리네 눈이 내리네 온갖 허물 다 덮이네.

설탑雪塔이 된 사철나무 시리도록 눈부신데
소복한 이 고요 속 옷매무새 가다듬어
숫눈을 살짝 밟는다 속 뜰 환히 밝히려고.

노스탤지어 nostalgia · 1

성근 별 칭얼대다 슬그머니 잠이 들면
목쉰 고동소리 파도 위에 둥둥 뜨고
어둠 속 거룻배 한 척 불 밝혀도 가난하다.

외롬 타는 등댓불 오늘따라 희미한데
부뚜막 밥 끓는 내 울컥하고 생각나서
허기진 의식 너머로 엄마하고 불러 본다.

유품遺品

다 낡은 성경책에 당신 숨결 살아있어
침 발라 한장 한장 넘기시던 그 모습이
겹도록 어른거려요 내 가을도 깊은데.

아직도 돋보기는 숨을 쉬며 제자린데
별로 뜨신 어머니 나침판이 돼주셔서
갈채 속 푸른 꿈 이뤄 임의 하늘 그립니다.

오늘도

새벽별 윙크하며 동살 들기 재촉하다
하나둘 빛을 잃고 스러져갈 그즈음에
대竹숲은 날을 세운 듯 고요함을 찔러댄다.

생이란 불길 위에 한 올 눈발 같아도
점지된 분복보다 넉넉하게 살아내려
사위四圍를 톺아 가면서 결기決起 바삐 다진다.

삶을 관조觀照하다

이파리 돌돌 말고 결기 세운 사철나무
한겨울 맞선 자태 의연한 성자聖者같다
얼마나 연단해야만 너를 닮아 푸를까.

고요만 수북하게 흐르는 절집 뜰에
짓궂은 한 줄 바람 풍경치며 놀자는데
반야경 속세로 가며 무소유로 살라 한다.

창밖엔 눈이

힘겨운 들숨 날숨 코로나 공포 속에
하늘은 은혜 내려 숨 고르라 하시는 듯
어느새 뜨락이 온통 순백으로 덮이네.

이 하루도 무사하길 간절히 기도할 때
소복한 가지 끝에 아기 새가 깃을 접네
다소곳 성모상像으로 첫눈 이고 서고 싶다.

동화 속 설경 한 폭 눈에 드는 창가에서
움켜쥔 손 펼쳐 보니 바람마저 한 점 없네,
이제는 허욕을 놓고 하늘 향해 웃으리.

영靈의 깊은 그곳엔

싱그러운 맞바람에 긴 머리채 출렁이며
또 하루 살아갈 일 궁리하며 걷노라면
이마로 뽀얀 햇살이 은총인 양 내린다.

계절을 재촉하며 흐르는 시간 속에
툭하면 헛발 딛고도 깨닫기가 어려워
먼 뱃길 인도해 주는 나침판이 절실하다.

하늘 별 둥근달은 날 새기 전 사라져도
끝없는 모성애는 가슴 깊이 살아계셔
심령에 달로 뜬 엄마 길잡이로 앞서시네.

부활의 아침

무덤이 비었네요 큰 돌은 어디 갔나
수많은 병사들이 철통같이 지켰는데
하늘 문 활짝 여시고 부활하신 구세주여!

무덤 텅 비었어요, "목마르다" 하신 주님
원수들 침을 뱉고 조롱하며 능멸할 때
온전히 하늘 아버지께 그 영혼을 맡기신다.

무덤 텅텅 비었군요. "다 이뤘다" 하시더니
사망 권세 이기고 영생의 길 여시었네
왕 중 왕 만유의 구주 할렐루야! 아멘, 아멘.

오십 년 걷다 보니

손톱 밑 굳은살에 손끝 놀림 무디어져
건반을 떠나려니 막막하고 먹먹하다
엮어온 깊은 연륜까지 쌈박하게 놓아야지.

물러날 줄 아는 것이 지혜로움 아닐까
미련도 아쉬움도 모두 지나갈 것을
여일은 내리막길을 몸 가벼이 살련다.

* 2019년 3월 2일 잠실 피아노 학원 퇴임하다.

바람 願

올올이 푸른 달빛 추녀 끝에 풀리는 밤
가슴에 묻은 꽃씨 싹틀 날 있으려나
무던한 기다림이다 눈썹까지 바래겠네.

짓누른 속울음에 고요마저 훌쩍이고
댓잎 훑는 바람 소린 적막 한껏 돋우는데
나이테 살이 붙는다, 조바심은 깊어지고.

칠흑을 둘러치고 부슬비가 내리는 밤
날 새면 희망의 해 솟구치길 기도하며
별 하나 몸져누운 채 뒤척뒤척 밤새운다.

봄밤에

하늘길 열리듯이 팝콘 알 터지듯이
툭툭 꽃잎들이 앞다투어 벙글려네,
뜨락에 매화 향기는 창틈으로 기웃대고.

별빛 쏟아지고 고요가 출렁이네,
파랑波浪 속 시간들을 모두 다 떨쳐내고
먹물을 듬뿍 찍는다, 수묵화나 한 폭 치려.

아, 그 날
-1960년 4·19 의거를 회상하며

젖니 한 개 쏘옥 솟듯 움이 돋던 그 사월에
교문 앞 붉은 함성 죽음마저 불사했다
끓는 피 언니, 오빠들 서슬 퍼런 절규였다.

총탄에, 최루탄에 피 흘리며 쓰러져도
역사를 뒤집겠단 그 뜻만은 아니리라
동공에 핏발로 선다, 순백의 영령들이.

민들레

후미진 좁은 골목 발길 뜸한 변두리에
금이 간 보도블록 그 짬을 비집고서
빠끔히 노란 인사로 향기 폴폴 날리네.

반겨줄 환한 웃음 행여나 스쳐질까
짓궂은 시샘 바람 맞서가며 견뎠는데
잔밉게 무심한 하늘은 구름 한 컷 띄운다.

백목련

한바탕 몽니 부린 꽃샘추위 지난 뜨락

하얀 깃 아기 샌가, 가지 끝에 봉오리들

소곳이
밝혀든 촛불
기도하는 엄마 같다.

벚꽃

발정 난 봉오리들 해끗해끗 터지면서
송이마다 밝힌 꽃등 봄바람도 신명났다
설레는 꽃 잔치 속에 온 마을이 들썩인다.

한 열흘 빛 부시게 황홀하던 그 절정이
지난밤 내린 비에 하릴없이 꽃비 됐네.
동살 든 앞산 허리엔 아지랑이 무심하다.

사부곡思父曲

누구를 기다리나
찌그러진 흔들의자

해묵은 마른기침
이명耳鳴으로 앉은 나절

나른한
햇살 한 줌이
주인인 양 와있네.

노을

석양을 다 사르고 산허리에 내린 어둠
하늘빛 깊어져도 쓸쓸하다 아니 하리,
으악 새 하얗게 웃는데 왜 저릴까 명치끝이.

수선화 꽃 진 자리 꽃대 홀로 외로운 밤
달빛에 젖는 고요 젖을수록 더 고요해
풀벌레 울음소리가 이제서야 귀에 든다.

이제는

말갛게 지우고픈 아마득한 그리움이
잊은 듯 했다가도 울컥하고 북받친다
말없이 뜨거운 가슴으로 수줍은 듯 다가왔지.

끝내는 연리지가 될 수 없던 인연의 끈
은밀히 그 이름을 묻어 놓고 꺼내보다
잊으려 노을 강심에 풍등 하나 띄운다.

어머니 · 1

버선발로 서두르며 꽃 지듯이 떠나신 임
무에 그리 못 미더워 낮달되어 오셨나요,
불효도 재롱 보시듯 웃음 뒤로 숨긴 눈물.

쨍그랑 깨질 듯이 하늘빛 시린 날엔
도지는 그리움에 후회만 수북해져
할미꽃 고개를 떨군 당신 곁을 찾습니다.

공연을 보다가
-무용가의 길을 접다

새하얀 드레스에 화관을 사뿐 얹고
한 마리 백조 되어 까치발 돋운 맵시
보는 눈 촉촉해지며 영상 하나 떠올린다.

고깔 모帽 깊게 쓰고 신명 나게 소고춤도
족두리 살짝 이고 생글대며 부채춤도
아직은 그 꿈 못 접어 별로 띄워 놓았다.

먼 하늘 끝자락을 갈피마다 들춰보면
풋풋한 어린 날이 노을 속에 걸려있네
나, 이제 버선발 살짝 들고 살풀이나 한판 출까.

여일은

사노라 받은 상처 여전히 아프지만
웃자란 잡초 사이 묵묵히 꽃대 세워
간절히 하늘을 향해 손을 모아 기도하네.

좌절을 이겨내려 무던히도 애를 썼다
진물은 흥건해도 무상無相에 이르고파
이제는 둥근 웃음으로 찌든 때를 쓸어내리.

왁자한 금빛 햇살 자연의 숨소리로
영육을 해맑갛게 은혜로이 치유 받아
돌아갈 본향 그리며 그림같이 살련다.

모두는 그리움

봄꽃이 무리 지은 산책로를 벗어나니
환하네 이팝나무 싸락눈을 뿌린 듯이
흐릿한 기억 속 "훈"이가 내 어깨를 툭 친다.

짓궂게 반두 위로 송사리 떼 몰아주고
반딧불이 쫓다 말고 장대 높이 달을 따던
그 기억 마르지 않네, 붓을 막 뗀 풍경화로.

모순 속을 사는 세상 떠밀리다 탈진한 날
어머니 등에 업혀 들어보던 자장가는
추녀 끝 낙숫물 소리로 이 밤 따라 또렷하다.

2부 시선詩仙이 되어

혹사酷使 그 뒤

발그레 물오른 볼 솜털까지 보송했지
터질 듯 영글었던 젖무덤이 꺼져가네
그날로 돌아가고파 구름 위에 걸터앉아.

보채며 쉬어 달라 그렇게 투정해도
못 들은 척 내달리다 큰 병 얻고 돌아보네
때늦은 깨달음으론 못 지키는 건강인걸.

안 된다, 또다시는
-이라크 무장단체의 만행

복면의 서슬 앞에 얼마나 떨었을까
"아, 나는 살고 싶다. 내 목숨은 하늘의 것."
애절한 울부짖음에 전 세계가 긴장했다.

"하나님 내 하나님 왜 나를 버리십니까."
골고다의 그 절규가 어찌하다 네 몫인가
기어이 선하고 슬픈 눈 베어버린 야수들.

힘없는 조국이라 좌절된 협상 앞에
작열하는 태양도 태극기도 미워진 날
하늘길 밝게 열리네, 들리는가 저 진혼곡.

*2004. 6. 22. 한국 군납업체 가나무역 직원인 한국인 김선일 씨가 이라크 무장단체에 납치되어 피살된 사건 현장의 순간이 TV에 방영됨.

자연, 그리고

바람만 넘나드는 허전한 깊은 골에
갈맷빛 여름 산이 두 팔 벌려 반겨주며
세상사 허구虛構 속 사연을 끄덕끄덕 들어준다.

물소리 깊어가고 바람결엔 산새 소리
헐거워진 관절 마디 귀를 맑혀 조이면서
청심淸心을 불러들인다, 종이학을 접으며.

삶의 모습

1. 어촌의 작은 풍경

먹빛 파도 칭얼대고 풀벌레 구성진 밤
물별마저 곤히 잠든 고즈넉한 어촌 마을
떨리는 손끝 달래며 하얀 어부 그물 깁네.

2. 도시의 하루

전어의 가시보다 더 수북한 고통에도
신호등 앞 발길들은 모였다 흩어진다
민초들 버짐 핀 하루를 들꽃같이 웃는다.

3. 산촌의 절집

쩌렁한 독경 소리 골안개를 헤치는데
불 번개 터지듯이 법고를 후려치면
행여나 가피加被받을까 탑을 돈다 중생들.

전설의 꽃 능소화

높은 담 구중궁궐 애타는 나날들을
절절히 임 기다려 담장 밑을 지켰어도
끝내는 못 이룬 사랑 아려한 어린 궁녀.

가여운 꽃대마다 맺힌 한恨 풀어보려
귀 세워 목 늘이고 땡볕 아래 모은 두 손
옛 자태 그대로인 채 그리움을 잣고 있네.

토담 밑이 온통 붉다 한바탕 소나기에
꼿꼿이 지킨 절개 단장斷腸의 여인이여
앞섶을 고이 여민다, 너의 기품 닮으려고.

늦가을, 어느 날

억새꽃 출렁인다, 초록이 여윈 자리
가을걷이 끝난 들에 허수아비 바라보면
웬일로 마른 수심이 수런대며 달려오나.

갈래머리 동무 찾아 레일 위를 달리면서
아련한 기억들을 더듬더듬 그리는데
언덕 위 작은 십자가 두 손 모은 어머니.

하늘 별 어디쯤서 들리는 듯 다듬이소리
아직도 꿈이 남은 이 가슴은 뜨거운데
막힌 길 뒤틀린 세상 헛소문만 낭자하다.

바벨babel*의 궁전

잡새들 날뛰면서 너섬**을 더럽히고
쇠 지렛대 전기톱이 아수라장 만들었네
입과 귀 틀어막는다 눈까지도 멀고 싶다.

천지를 뒤엎을 듯 요란스런 우렛소리
하늘마저 세상일을 참지 못해 노怒하셨다
모두가 내 탓이라며 불 번개로 태우신다.

　*혼란이란 뜻
**여의도(국회의사당)

어머니 · 2

즐겨 부르시던 메기의 추억 한 소절이
너른 들 어디선가 자장가로 들려오면
하늘도 목이 메인가 실어증이 깊어진다.

어린 날 병치레로 핏줄 돌기 벅찰 때나
아찔한 벼랑 끝에 헛발 짚어 휘청일 때
밤낮을 뿌리신 눈물 강물 되어 넘쳤으리.

침상 머리 돋보기는 기다리다 지쳤는데
다 낡은 성경책에 밑줄 빨간 성구(聖句)들이
지친 맘 토닥이면서 길잡이가 되어 준다.

장맛비 스케치

뉘 설움 대신해서 눈물바다 이루는가
연일 빗줄기가 요란하게 퍼붓는다
유리창 흐득이는데 덩달아서 울컥한다.

길고 긴 가뭄으로 갈라 터진 강바닥에
사정없이 내리쏟네 강둑까지 넘치겠네
저 빗속 뛰쳐나가서 알몸으로 뒹굴고파.

우산 없이 갈 곳 없이 그저 마냥 걷는데
천둥 번개 갈마들다 얼굴 살짝 내민 하늘
햇살이 눅눅한 마음 뽀송뽀송 말리란다.

삶, 그건 아름다운 흐느낌

꿈결처럼 들려오는 나직한 독경 소리
시간도 멈춰선 듯 고요한 산사에서
아기 승 작은 몸으로 백팔 배를 올리네.

바라보는 가슴마저 이토록 찡한 것을
무엇을 탁발하러 여기 와 서성이나
석양 녘 산문에 기대어 범종 소리 듣는다.

아득한 첫울음은 행간에다 숨겨두고
갈지자로 걸어온 생生 흔적 하나 남기려고
허허허, 한 조각 구름 윤회 속을 떠돈다.

산사에서

대웅전 앞 돌탑 밑에 잔설 아직 몸살인데
첫 새벽 아기스님 꽁꽁 언 손 합장한다
그 바람[願] 무엇이기에 어깨를 들썩이나.

슬며시 부끄러워 옷매무새 다잡는데
메아리로 울려 퍼진 묵직한 독경 소린
다 태워 녹이고서야 입정入定에 든다 하네.

두 손을 모으며

푸성귀 좌판 곁에 핏기 없는 저 할머니
마른 젖 물고 자네, 여윈 품엔 손주 녀석.
웃다가 쌔근대다가 백마 타는 꿈을 꾸나.

빗방울 찔끔대며 발등까지 적신다.
"가난은 죄가 아니야" 부끄러워 말자꾸나.
아가야 무지개 동산에 너의 꿈을 펼쳐 보렴.

창가에서

뜨락에 하얀 달빛 오히려 사치롭다
허기까지 보태주는 가슴 이리 시린 날
추스를 새 힘 얻고자 임의 음성 곱씹는다.

밤하늘 유성 하나 빗금 치며 사라져도
낡은 줄 두레박엔 새 바람이 가득하다
내 비록 내일을 몰라도 돌림노래 불러야지.

한 마리 울새마저 쉬지 않고 울어대다
둥지 떠난 사연까지 걸어놓은 우듬지엔
날 새면 아기 웃음 같은 말간 햇살 쏟아지리.

열매달*의 첫날

호숫가 잔디 위에 물색없이 벌렁 누워
세상일 잠시 잊고 하늘빛에 빠져들면
곤한 몸 내면 깊숙이 파란 물이 스며든다.

동살에 사라지는 이슬 같은 삶이라도
초야보다 더 붉게 불꽃처럼 태웠는데
아련한 기억의 조각들 오버랩 돼 스쳐간다.

내생의 건전지는 얼마나 남았을까
싱그러운 자연에서 세포마다 생기 돌려
밑그림 알차게 짠다 족적마다 꽃 피우려.

* 9월

설중 홍매

잔설 위 야윈 햇살 봄의 숨결 재촉하면
움츠린 가지마다 물관을 대주려고
뿌리는 겨울잠 털고 꽃물을 긷고 있네.

선홍빛 젖 몽우리 설레도록 봉긋하네
가슴에 하늘 담고 힘차게 맥박 돌려
소곳이 홍등 밝히네, 너무 고와 서러운 꽃.

새날

여명黎明든 사립문에 새벽바람 기웃대고
물소리 바람 소리 멧새 소리 어울릴 때
하늘 문 활짝 열리며 은혜의 빛 찬란하다.

엄마의 눈매 닮은 함초롬한 들꽃 잎에
이슬마다 영롱玲瓏하게 얼비치는 작은 우주
풋풋한 자연의 영기靈氣로 생동하는 맥박 소리.

서산에 감빛 노을 불콰하게 익어가면
하루를 잘 살아낸 저마다의 이야기로
저녁상 웃음꽃 잔치 기도처럼 거룩하다.

어쩔 수 없어

한껏 갠 쪽빛 하늘 낮달 홀로 시들한데
억새풀 우짖다가 한 결로 드러눕네
흥건한 그리움 하나 먹물 배듯 번진다.

바지지 가슴 태워 떨고 있는 이 계절에
풀꽃 반지 나눠 끼며 깍지 걸던 그 설렘을
기어이 잊을 수 없네, 내 가을은 깊어가고.

시월의 나들이
-하늘공원

하늘이 펼쳐놓은 억새 숲 이 낙원에
새 터 잡은 생태 공원 공기도 상큼하다
샛노란 나비 한 쌍이 윙크하며 반겨 주네.

푹신하게 깔려있는 솜사탕 같은 구름
까치발 곤추들면 손끝에 잡히려나
천국 문 열리는 소리만 귓바퀴에 걸린다.

아우성
-2019년 8월 조국(법무부 장관) 사태

불의를 단죄하려
물결치는 회색 광장

물고 틀 날 알지 못해
태극기는 목이 쉬고

촛농이
서초 언덕에
흉터처럼 남아있다.

다시 가을인데

새뜻한 하늬바람 금빛 햇살 풀리는 날
낙엽을 밟는 소리 행여 그대 기척인가
창백한 초록 둘레로 출렁인다 옛 생각.

여름 건넌 벼메뚜기 볏 잎 위에 한 상床 차려
풍년가 읊어대고 대추 볼엔 물이 들고
한가위 보름달 뜨면 강강술래 흥겹겠다.

한 박자 느리게

불이문 앞 돌계단에 숨 고르며 잠시 앉아
올라온 길 톺아볼 때 손짓하는 먼 점 하나
사는 일 한갓되다고 범종조차 침묵하네.

머리와 가슴 사이 멀고도 가까운데
조용히 법고 소리 진리를 토해내며
머리가 생각한 것을 가슴으로 느끼란다.

태백산 정암사

적멸보궁 댓돌은 새하얗게 비어있고
대웅전 어둑한데 불상 없고 불자 없고
땡볕만 자글자글 끓어 절집 더욱 적멸하다.

코로나 활개 치고 목탁마저 적막 치고
침침한 불단 앞은 불심 홀로 애타는데
섬돌 곁 야옹이 홀로 꾸벅이다 경을 읽다.

고향집을 찾아

마침내 그 먼 길을 어떻게 왔느냐고
평상 위 엄마 모습 오버랩overlap돼 반기실 때
덩달아 낙엽 한 잎도 내 어깨를 툭 친다.

두어 개 까치밥이 석양빛에 눈부신데
밀가루 반죽하며 치대는 손 분주하다
"밥 먹자" 귀에 익은 음성 이명처럼 들린다.

외딴 절집

새도록 콜록인다 해수병 도진 스님
동공엔 빈 하늘이 한 생을 돌리는데
해탈한 풍경 소리만 귓전에서 맴돈다.

걸터앉은 툇마루 끝 햇살 한 줌 나른한데
꿈결인 듯 졸다 깨다 고단한 동자 스님
따끔한 죽비 호통에 방선放禪하고 예불한다.

여망餘望 · 1

석양 비낀 나루터 폐선 곁 모래밭에
먹이 찾는 물새들의 분주한 몸짓 보며
한 시절 익어가도록 내 구한 것 묻는다

한 뉘의 보고서에 부부 낙관 눌러 놓고
비릿한 바닷바람 갈마드는 갯마을서
해탈한 노스님이듯 단세포로 살고지고.

참매미

십수 년 유충으로 바깥세상 그리다가
굴참나무 곁가지에 허물 홀딱 벗어 놓고
울대가 찢어지도록 쉴 새 없이 절창한다.

우리네 사는 세상 궁금할 게 뭐 있다고
쿰쿰한 땅속보다 견디기 힘든 것을
짧은 생 막바지까지 피 토하듯 울다 진다.

시선詩仙이 되어

산골 처녀 허리춤에 드러나는 속살처럼

산고産苦 끝에 들려오는 아기의 울음처럼

조선 얼
찰랑거리는
달항아리 빚고 싶다.

어느 오후에

새들도 숨죽이는 철책선을 넘어와서
비바람 눈보라 속 달려온 길 펼쳐보며
다 떠난 둥지를 지킨다 하루해가 저물도록.

참새들 날아간 뒤 허허로운 나뭇가지
늦가을 뜨락에는 가랑잎 떨어지고
설움을 보태려는가, 흩뿌리는 저녁 비.

빛바랜 앨범 속에 여전히 너흰 웃고
고무신 어지럽던 댓돌 아래 꽃밭에는
톡 톡 톡 비둘기 한 마리 옛 기억을 쪼고 있다.

시샘 달*의 하늘공원

탄성이 자자하던 환상의 너른 숲에
무성한 억새풀들 잘려나가 삭막한데
낮달만 그릇**에 앉아 온 하늘을 품고 있다.

왁자한 웃음소리 시푸른 바람 소리
두고 간 어느 여름 풍광들이 달려와서
지나온 겹겹 세월을 증언하려 붓질한다.

 * 2월
** '하늘을 담는 그릇'이라는 둥근 철제조형 작품 명名

잠 못 드는 밤에

연둣빛 순정 하나 들킬세라 싹 틔우며
한 주머니 두 손 넣고 그냥 좋던 나날들
물안개 자오록하다 둘이 걷던 강가에.

수줍은 덧니 하며 더 귀엽던 보조개는
하늘 아래 어디선가 당찬 꿈을 펼치겠지
기어이 지워야 하리 속 뜰 깊이 감춘 이름.

3부 사모곡思母曲

텅 빈 옛집

갈바람 스산한데 움츠린 반쪽 달이
잿빛 구름 파고들며 슬며시 사라지면
장독대 할머니 초상 얼비쳐서 떠오른다.

뱀 허물 벗어 놓듯 길게 누운 농기구들
주인 손길 기다리다 잠깐 조는 오수午睡 속에
추수 끝 휑한 들판을 참새떼와 노닌다.

황혼 녘 주름 골은 흐른 세월 탓이지만
못 이룬 꿈들일랑 이쯤서 훌훌 털어
기어이 돌아갈 본향 무소유로 가리라.

금강산에서

실어증 깊은 산하 달빛마저 머뭇댄다
골물 소리 바람 소리 새소리도 숨죽인 땅
향기를 한껏 뽐내는 초롱꽃이 고깝다.

"위험 지뢰" 붉은 팻말 등골이 오싹해도
철책선을 넘나드는 청설모의 자유처럼
그날은 반드시 온다 탐조등은 빗발쳐도.

오늘도 안녕
-코로나 19

속살까지 붉게 타는 파란 별*의 아우성
확진자 또 사망자 귀도 눈도 닫고 싶네
캄캄한 절망의 터널 한 줄기 빛 절실하다.

팬데믹에 저당 잡힌 생목숨은 무력한데
"지은 죄업 돌아보라, 남의 탓만 하지 말고."
하늘은 호통을 친다 무지했던 지난 삶을.

생과 사 고비 넘어 따순 햇살 내린 뜰에
순리에 순응하며 사철 꽃이 환히 피면
삼동三冬을 다 녹인 봄날 불러보리 아리랑.

* 지구

남촌에서 오는 봄

코로나 속에서도 꽃샘추위 참아내며
간절한 소망으로 봄이 오길 기다리다
영육은 지쳐버렸나 춘곤증을 앓는다.

새뽀얀 아지랑이 둘레 길에 곰실대고
몸을 푼 실개천에 솜털 오른 버들가지
봄꽃들 발정이 나서 팝콘처럼 터진다.

울적한 봄날 오후

꽃 술잔의 꽃 잔치는 호화롭던 기억 저편
역병은 먹물 배듯 게릴라전 펼치는데
또 하루 기진한 채로 공황 속을 헤맨다.

걸터앉은 숲 벤치로 노을빛 풀어지고
가늘게 떨리는 손 지은 업을 회개하다
이 모두 지나가리란 희망 한쪽 베어 문다.

푸른 달*

뜨락의 오월 장미 방싯 열린 꽃잎 위로
영롱한 이슬방울 햇살 들까 서두르며
비발디** 사계四季 악장 중 한여름을 열연한다.

기지개 켠 나팔꽃도 재재대던 참새들도
각성바지 풀꽃까지 덩달아 합창하며
새날을 여는 아침이 싱그럽다 활기차다.

  * 5월
 ** Antonio Vivaldi: 베네치아 태생, 이탈리아의
    violin 연주자, 작곡가.

물오름 달*에

귀를 댄 나목裸木에서 물 긷는 소리 있네
팬데믹에 찌든 골골 꽃등 환히 밝히라고
해종일 안쓰러워라 생명력의 힘찬 결기.

제 품에 싹을 틔울 뭇 생명을 끌어안고
엄마나무 바람 하나 무럭무럭 쑥쑥 커라
물줄기 세차게 보낸다 그 몸부림 애섧다.

* 3월

휴식

별이 없는 밤이라 날이 샐 것 같지 않다
잿빛 하늘 내려앉아 울먹이다 뿌린 비에
헤픈 듯 벙싯한 장미 그 입속에 고인 빗물.

첨탑 위 십자가는 새도록 핏빛인 채
깊은 잠 들 수 없어 꾸벅대다 충혈된 눈
뎅그렁 쉰 목소리로 어둠을 밀어낸다.

무거운 짐 처진 어깨 차마 더는 감당 못해
쉬어 달라 보채는 몸 넉넉한 그늘 찾아
고향집 당산나무 아래서 남은 날을 돌아본다.

산사에서

정적만 고인 절집 풍경마저 잠이 들면
반야의 독경 소리 골바람에 실려 오고
합장한 여인의 손이 달빛보다 시리다.

범종의 큰 울림이 풍경 소리 삼키는 밤
"삿됨을 돌아보라" 날 번개가 호령할 때
탑 돌던 평화의 비둘기 죄업 하나 물고 간다.

새 터를 찾아

남녘을 그리다가 용단 내린 탈북의 길
별조차 없는 강을 노櫓도 없이 건너는데
관측소 서치라이트 번개 치듯 훑어 댄다.

산도 물도 낯선 땅 하늘을 지붕 삼아
맨발로 작두 타듯 살아내는 하루하루
첨탑 위 붉은 십자가 와서 쉬라 손짓한다.

성탄을 축복하며 함박눈 맞아가며
새벽 송頌 부르면서 골목골목 누빈 기억
긴 세월 주마등처럼 생의 풍상 흐른다.

이 가을

초침은 쉬지 않고 계절을 몰고 와서
수숫대도 잠 못 드는 여윈 가을 끝자락에
벼 바심 모두 끝냈네 논바닥이 휑하도록.

철새 떼 제 깃 찾아 해름 길을 서두는데
호박잎 무서리에 후줄근히 늘어졌네
가을빛 익어가는 밤 별 밭 저리 시리다.

낙조落照에 물들어

삘기 꽃 하늘대는 해거름 녘 강가에서
삐비 불며 천진스레 깔깔대던 그 나날이
언제쯤 지워지려나, 지울수록 생각나.

춘삼월 싸락눈이 어둑어둑 내릴 때면
아기 물새 죽지 터네, 새 숨결 흐르는 강
어디쯤 낚대 늘이면 시조 한 수 낚아질까.

산문에 기대어

역병이 다시 돌자
목탁마저 시름 찬데

불당 안 연화대엔
휘감기는 향 내음

빛바랜
연꽃 문양만
꽃살문에 활짝 핀다.

새날을 여닫는 해太陽

새벽안개 수런대며 하루를 여는 아침
바위틈 노란 풀꽃 아직은 꿈속인데
참새들 입방아 찧으며 부산스레 들렌다.

하늘과 수평선이 맞닿은 틈을 뚫고
어둠을 깨우면서 불쑥 꺼낸 온몸으로
불덩이 울컥 솟구쳐 하늘 문을 활짝 연다

하루를 불태우고 섬과 섬 수천水天 너머
동화 속 먼 나라로 붉은 해 떨어지면
은하 강 초롱한 별들 파르란 보석 같다.

강가에서

도라지꽃 활짝 웃던 옛 동산이 생각나서
그림자 앞세우고 강기슭을 거니는데
보랏빛 꽃물 젖은 강이 손 흔들며 반기네.

"가고파" 한 곡조를 목청껏 뽑아낼 때
어느새 구름 한 점 노을 강에 내려앉아
지난 일 모두 지우고 새 꿈 심어 펼치란다.

작은 절집

작설차 향에 끌려 단숨에 오른 계단
발그레 벙근 연꽃 수줍은 듯 반겨주고
싱그런 대竹바람까지 덩달아서 거든다.

한가한 대낮 암자 분향 내음 자욱한데
버짐 핀 아기승은 티끌 세상 엿보다가
노스님 죽비 호통에 소스라쳐 탑을 돈다.

연꽃

한생을 묵도하며 진흙 벌에 뿌리박고

번뇌를 승화시켜 곧게 세운 꽃 대궁에

물안개
꼼실대는 새벽
붉게 웃는 부처님.

고독을 즐기다

넉넉한 솔 그늘에 몸과 마음 부려 놓고
산, 내, 들 바다까지 한마당에 불러와서
푸른 물 철철 넘치면 지친 속 뜰 위로될까.

달도 별도 빛을 잃어 고요까지 삼킨 하늘
어둠보다 진한 고독 이끼처럼 돋는 밤에
강 건너 마천루 위에 누각 하나 짓는다.

향수鄕愁 · 1

고드름 스타카토로
똑 똑 똑 노크하던

추녀 끝의 그 울림
눈감고야 들리는데

뒷짐 진
아버지 초상이
동공 안에 서성인다.

올림픽 공원에서

역병 돌아 힘든 나날 우울증만 웃자라서
염증 도진 관절로 쩔뚝쩔뚝 걷노라면
6월 숲 한가한 그늘로 산새 소리 떨어진다.

어디로 흘러가나 하늘 벌의 새털 구름
낮달 뒤에 살짝 숨은 보고 싶은 엄마 얼굴
느꺼워 거슬러 오른 세월 그 품 안에 내가 있네.

주지 스님

역병 날개 꺾이기를 목청껏 염송하며
대웅전 앞 불탑을 불자 대신 도시더니
밤 내내 쿨룩거리며 별이 하나 스러질라.

모로 누운 새우등이 하현달만 같은데
불단을 밝힌 촛불 홀로 애타 잠 못 드네.
괴괴한 풍경소리가 열반을 재촉한다.

기다림

은행잎 유영하는 고향집 석련지石連池에
연서를 품은 달빛 가을 내내 풀리면서
모과 향 깊어질 때까지 내 창가를 서성인다.

칠흑의 장막 속을 부슬부슬 내리는 비
밝은 세상 열리도록 닭이 울길 기다리며
무욕을 왜 잊었던가 후회하며 밝힌 밤.

플랫폼에서

술국이 설설 끓던 간이역 앞 목로주점
젓가락 헤픈 장단 끊어진 지 오래인데
이 밤은 별빛도 숨고 찬바람만 스산하다.

막차마저 떠나가고 기적 소리 멀어져도
떠남은 돌아온단 약속의 다짐이기
속 뜰에 너를 품고서 기다림을 배우련다.

사찰에도 역병이

1. 스님

탁발托鉢하고 오는 스님 장삼 자락 펄럭이면
키다리 장승 둘이 물정 없이 웃어주고
석등 앞 연못 잉어도 반가워서 말을 건다.

2. 불자

역병 탓을 해야 할지 내 탓을 해야 할지
가꿔 온 한세월이 허망하게 무너져서
설법도 들리지 않네 휑한 눈만 끔뻑이네.

사모곡思母曲

깎아낸 손톱같이 휘어졌네 엄마의 등
여기저기 삐걱대도 "괜찮아"만 하시다가
기어이 두견새 울음 되어 베개 가를 지키신다.

쩡 하고 깨질듯한 쪽빛 깊은 저 하늘에
당신의 형상으로 펼쳐진 무명치마
천만번 불러 보아도 사무치는 그 이름.

한 생이 저물도록 방황하는 여식 보며
새벽 별 홀로 남아 애처로이 떨고 있네
안간힘 모아 모아서 길잡이로 깜빡이며.

통일 염원

두 손을 한결같이 정화수에 모은 뜻은
희망의 해 불쑥 솟듯 환한 얼굴 마주하러
신나게 남북 열차가 오고 가길 바람이다.

유월의 젊은 넋이 별이 되어 지킨 조국
저 하늘 기러기 떼 자유를 노래하듯
너희도 새가 돼보렴, 긴 한숨을 다 토하고.

각角진 돌

못난 외모 다듬고파 쉼 없이 구르면서
하현달 제살 깎듯 아픔까지 다 삼킨 채
내면을 갈고 또 깎으면 수정 빛의 구슬 될까.

구를 수도 없는 몸이 둥글려고 애를 쓰네
수정같이 되려는가 보름달로 뜨려는가
죽을 듯 급물살 타고 모서리를 다듬는다.

울부짖다

코로나 판세 속에 헛소문만 낭자하다
선민善民들의 성난 함성 영혼까지 빼앗길라
작달비 쏟아붓듯이 이념의 벽 두드린다.

산불에 물난리에 흉흉한 나날인데
민주도 민족혼도 무너질까 울부짖네
불 번개 내리치기 전 부실한 벽 다시 쌓자.

이 가을, 널 그리며

푯대 끝 푸른 꿈을 결기 있게 세워 놓고
슬하 떠나 먼 이역 땅 어느새 수십 성상
인내로 역경을 딛고 성취인이 되었구나.

무상無常을 휘감은 채 갈대로 웃으면서
노을 진 들녘에서 네 얼굴을 그려 본다
이 밤엔 꿈길 달려와 한 박자만 쉬어가렴.

가을 삽화

역병에 시달리며 폭우에 쓰러져도
수고한 손길마다 넉넉히 보답코자
벼 이삭 누렇게 익어 들녘마다 덩실댄다.

풍년가 퍼진 들에 홀로 남은 허수아비
지난날 돌아보며 사색에 젖는 오후
산허리 은사시나무에 가을 물이 흠뻑 든다.

4부 못다 부른 노래

또 하루

해 종일 재잘재잘 분주하던 놀이터에

두고 간 맑은 웃음 미끄럼을 타고 있네

순수純粹가
눈을 뜨는 밤
어둠조차 환하다.

돌아 보다

하늘로 나래 펴는 백조 같은 발레리나
조명이 눈부셔라 갈채가 쏟아진다
품은 꿈 닳고 다 닳아 깨고 보니 몽당연필.

잎 지는 깊은 밤에 명치끝은 왜 아린가
정성껏 촛불 밝혀 성호聖號 긋고 하는 기도
비울 것 다 비운 뒤에 피안彼岸으로 들리라.

노스탤지어 nostalgia · 2

대동강 물색마저 빛이 바랜 기억 저편

댕기 머리 휘날리며 반딧불 쫓던 아이

장단 역
기적소리에
신명 나서 달려가네.

못다 부른 노래

아미蛾眉 고운 날에 솔대 높이 꿈을 엮어
정화수 뿌려가며 소지燒紙하고 손 모아도
하늘 뜻 알 수 없어라 내 가을이 다 익도록.

오금은 저려오고 갈 길은 초조한데
새털구름 떠다니는 조용한 호수 위엔
물오리 물색도 모르고 휘장 한 폭 쫙 가른다.

생일선물 녹보수

손주의 재롱이듯 큰 기쁨 주더니만
코로나 걸렸는지 한잎 두잎 다 떨군다
내 마음 몽땅 주었는데 야멸차게 떠나려네.

양지바른 길목에 새 터 잡아 앉혀 놓고
출근부 사인하듯 하루같이 비손하며
비바람 맘껏 즐기라고 자연 속에 살라 하네.

연둣빛 새순들이 반짝이며 앞을 다퉈
가끔씩 솎아주니 쑥쑥 자라 기뻤는데
애섧다 지난밤 사이 검은 손님 다녀갔네.

연모戀慕

불콰한 저녁노을 길게 누운 벤치 위로
턱에 찬 숨 고르며 비껴 앉는 긴 그림자
산 까치 아양 떨면서 발치에 와 갸웃댄다.

풀벌레 울음소리 한 옥타브 높아진 밤
번지를 알길 없어 날강날강 해[傷]진 연서戀書
못 건넨 손 편지 들고 못 지우네, 그 얼굴.

요즘 세상

-1960년대(조국 근대화 시대)

연탄 가게 맞은편 털보네 싸전에서
한 줌 쌀 집어 들고 한 되에 얼마예요,
새색시 청아한 톤tone으로 새벽 입김 날렸지.

-2020년대(코로나 시대)

선한 눈빛 맞춰가며 살아가는 배달 민족
알 길 없는 업장業障으로 검독수리 타깃target되어
설정한 이정표마저 무용지물 되었네.

시월이 가네

계곡 물소리에 가을이 익어간다
낙엽 지는 깊은 뜻을 행간에 숨겨 놓고
노을은 돌아보란다 지은 업의 무게를.

역병이 히죽대며 하늘 연달* 끌고 가면
볼 수 없는 신의 손이 십일월을 활짝 열어
숱한 날 견뎌낸 고초 다독이며 위로할까.

*10월

다시 11월

가을 색에 흠뻑 젖어 긴 그림자 드리운 채
내 대신 은행나무 무슨 생각 저리 깊나
이 계절 떠난 그 사람 행여 올까 기다리나.

새가 되어 날아가네, 제 몫 다한 노란 잎들
한 해의 끝자락이 헐렁해진 가지지만
겨우내 눈꽃을 피울 꿈이 있어 행복하다.

피란 시절

월요 조회 있는 날은 오리五里길도 마다 않고
본교 향해 걷다 보면 배가 자꾸 등에 붙어
운동장 분교 자리가 그렇게도 멀었다.

미운털 홀대쯤은 견뎌낼 수 있었지만
내기내기*놀려대는 본교생들 그 텃세에
남몰래 사태 진 눈물 멈출 줄을 몰랐다.

월요일이 그냥 싫은 그 까닭을 더듬다가
옹이진 기억들로 하릴없이 울컥해도
오기傲氣로 버텨낸 날들 그 의지로 예 서 있다.

*서울내기, 다마내기, 문디가시내.

주먹밥

오늘도 허탕 칠라
안절부절 애태우며

지팡이에 몸을 맡긴
초점 잃은 눈가에

한 방울
이슬 맺힌다,
한 끼 양식 받아들고.

전선의 밤

고향의 보름달이 그리움을 잣는 이 밤
무심한 청설모는 철책 구멍 넘나들고
활짝 핀 하얀 초롱꽃 순찰길을 밝혀주네.

그립다 말 못 하고 반짝이다 지친 별빛
뜬눈의 이 하얀 밤 침상을 두드릴 때
한 무리 기러기 떼가 무상함을 보탠다.

실어증 깊어진 채 숨죽인 바람 한 점
서리서리 풀어내는 애절한 북녘 사연
끊어진 동해북부선 이명인가, 기적 소리.

나 我

고인 어둠 거둬내고 동살은 내달려와
툇마루에 걸터앉아 새날을 밝힐 즈음
선잠 깬 푸석한 얼굴 몸을 푼 산모 같다.

정의가 짓이겨진 혼돈의 어둠 속을
발 동동 굴러가며 의기義氣로 헤쳐 나와
황금빛 꿈 한 톨 빚어 푸른 날개 달고자.

한 해를 보내며
-송년의 마지막 날

팬데믹 돌 짝 밭을 헤쳐 온 날 돌아보며
호젓한 이 숲길을 느긋이 걸어갈 때
꽁꽁 언 한줄기 폭포 산수화로 솟아있다.

자연은 에너지를 값도 없이 부어주고
한 무리 칼바람이 온갖 사념 쓸어 가도
후회만 더께로 남네 봄 햇순은 움트련만.

새해를 여는 기도
-2021년 제야에(2년째 팬데믹)

넋까지 강탈당해 탈진한 하루하루
끝없는 후회 속에 나이테만 덧입으며
저 하늘 쳐다보면서 원망조차 못합니다.

자연을 훼손하고 아귀다툼 일삼은 죄
지날 날을 탄식하며 회개할 뿐입니다
긴 역병 불태우소서, 새해 아침 솟는 해로.

혼돈 속 이 나라가 온 백성이 신뢰하게
동방의 에덴 되어 함박웃음 넘치도록
선물인 자손 대대에 환한 앞길 비추소서.

메타세쿼이아 산책길

요들송yodelsong 합창하는 바람 소리 새소리에

자연의 짙푸름을 잉태한 계곡물이

힘차게
달음질친다
알프스가 예라는 듯.

고悚하다

아직도 머무시네, 달 뜨는 내 뜨락에
평생의 업이신 듯 시름 깊은 기침 소리
아버님 새우신 밤이 이젠 저의 몫입니다.

불치의 지병 같은 시 몇 줄 꿰어놓고
부끄럼도 모르면서 제멋에 으스대며
싸락눈 포슬거리는데 시인이라 떼씁니다.

막막함
-코로나 위기 속

서너 평 텅 빈 점포 기웃대는 인적 없고

"깔세* 환영" 임대 광고 제풀에 펄럭인다

달빛은
적막을 뚫고
야속하게 쏟아지고.

* 권리금이나 보증금 없이 임대계약 기간만큼의 월세를 일시 불하는 임대차 계약.

파도는

등 푸른 너른 바다 어머니의 자궁 같다
선과 악 다 보듬어 바다라고 한다지만
끝끝내 더는 못 참아 물 폭탄의 채찍 든다.

불의한 세상 향해 선구자의 외침으로
방파제 후려치며 시퍼렇게 멍들다가
마침내 갈기를 세워 도도하게 순교한다.

성내 천川 소묘

계절에 순응하며 얼다 녹다 흐르다가
끝내는 못 견디고 두툼하게 얼었어라
지혜도 얻게 되리라 순리 따라 살다보면.

주인을 기다리던 썰렁한 제비집에
봄바람 드나들며 쌓인 먼지 날려주네
우듬지 저 까치 소리 봄소식을 물고 왔나.

병치레 끝 나온 산책 삐걱대는 관절 탓에
걷고 싶은 의욕만큼 체력이 못 따르네
결기로 나사를 조여 의연하게 이겨내리.

코로나레드red
-2020년 2월부터 역병 시작

천형 같은 전염병에 일상마저 앗겼는데
봄바람에 실려 오는 꽃소식은 희망이라
나목도 잔설 녹이며 영靈의 생수 잣는다.

갈마드는 가뭄 장마 민초들은 기진한 채
푸석해진 몰골로 영혼마저 소진되어
급기야 터진 봇물에 쓸려갈까 떨고 있다.

대숲 초목들은 제 나름의 거리에서
적적하지 않을 만큼 눈빛을 나눠가며
색동옷 퍼레이드로 계절 따라 위로한다.

독도

살점 하나 떨궈 놓고 어미는 안달이다
독립문 닮은 돌섬 솟는 해 반기면서
피어린 역사를 토해 온 백성을 일깨운다.

조상의 숨소리로 겨레의 얼 이어가며
옥빛 하늘 받쳐 든 검푸른 저 바다는
수병守兵 둘 총대 세우고 단군의 땅 지킨다.

산골 폐교

새싹들 도란도란
꿈을 품고 자라던 곳

절로 녹슨 놀이기구
주저앉은 나무의자

샛노란
이름 모를 꽃
추억 한 톨 줍고 있다.

벗나무 아래서

꽃망울 봉긋하게 벙글 준비 끝이 나면
내 갈渴한 속 뜰에도 은혜로이 봄이 들어
또 하루 모두 잊은 채 계절 밖을 기웃댄다.

온통 하얀 세상 꿈을 꾼 듯 찰나여라
사계四季의 첫 계절이 꽃눈으로 다시 피면
이 봄은 시인이 된다. 무상無常함을 휘저으며.

소싸움을 보다가

왕성한 혈기 앞엔 노련함도 무색하다
투혼을 못 따르네, 의욕뿐인 타는 가슴
젊음에 치받친 정수리 온통 붉어 비릿하다.

가쁜 숨 허연 입김 차마 더는 볼 수 없네
잔인함의 이 극치는 누굴 위한 베팅betting인가
모두는 세월 못 이겨 늘그막은 치욕이다.

모래판의 한판 사투 혼신의 힘 몽땅 쏟다
급기야 비틀비틀 등 보이며 무너질 때
뜨거운 한줄기 설움 저녁놀에 묻힌다.

매화

재 너머 남촌 바람 꽃소식을 싣고 오면
겨우내 떨던 가지 새 물 잣기 분주한데
봄 문턱 넘어 온 햇살 마루 끝에 숨 고른다.

숫처녀 젖꼭진가 열꽃인 양 벙글어서
첫날밤 신부같이 꽃 입술 방싯한다.
달빛은 적막 속에서 실비처럼 풀리고.

산수유

한파 속 모진 날을 결연히 견디면서
가슴에 끌어안고 지켜온 불씨 한 톨
다투듯 봄볕을 받아 볼쏙볼쏙 움이 튼다.

포슬포슬 봄눈 오다 뚝 그친 삼월 오후
산골 처녀 가슴처럼 마냥 부푼 가지마다
상그레 샛노란 꽃등 임 그리는 몸짓이다.

한여름의 땡볕도 천둥번개 긴 장마도
거뜬히 삭여내면 가을도 무르익어
해말간 홍보석들이 축복인 양 달리겠다.

노송 老松

벼랑 끝 겨운 삶에 휘어지고 비틀려도
바람이 함께 울고 햇살이 다독여줘
지난한 풍상 견딘다 순리에 순응하며.

다문다문 박힌 옹이 어르고 삭이면서
결기로 고집스레 절개를 지켜낸다
그 위용 당당하여라 조선 얼의 표상이다.

시름에 젖어

대숲을 들썩이며
바람 혼자 신명 났네

팬데믹pandemic에 멍든 심혼
잠이 올 것 같지 않다

풀벌레
울음을 안고
달빛 홀로 애잔한 밤.

불면증 도진 밤에

은하수 펼쳐놓고 쪽 달은 시름 찬데
높바람 몽니 부려 고요까지 출렁인다
하얗게 잠 못 드는 밤 꿈틀대는 미련들.

주름 골 이랑마다 바람 자국 더듬는 새間
샛별을 밀어내며 동살은 내달려와
하늘 문 열어젖히고 시원始原의 빛 토해낸다.

5부 어머니의 강

내 큰 탓

노을을 밟으면서 따라나선 산책길에
반쪽의 뒷모습이 그믐달을 닮아 있어
스스로 되돌아보네, 세월보다 내 탓 같아.

고운님 머리카락 갈꽃처럼 물이 들어
시아버님 마주한 듯 착각되는 늘그막이
애잔한 새벽달같이 이울어만 갑니다.

사모思慕

못 이룰 인연이라 깍지 풀어 보냈는데
뒷모습 지워질까 눈 안에 새겨 넣고
또 하루 접어야 하리 저려오는 가슴으로.

저녁놀 무르익고 서러움은 깊어가고
나 대신 통곡하는 먼 바다 파도 소리
그리움 부려놓고서 서릿바람도 울다가네.

덧없음이여

고즈넉한 이 숲길 걷다 보니 나는 없고
설핏이 떠오르는 유년의 화폭 속엔
아스란 시공을 넘어 눈이 펑펑 쏟아진다.

익살스레 웃어주는 산문 앞 장승 한 쌍
뎅그렁 법고 울어 정신 활짝 들어본들
따라온 탁세의 미련 놓지 못할 이 무지.

고요한 암자 뜨락 꽃잎 차와 정 나눌 때
간절한 독경 소린 순리 따라 살라 하네
탁발승 장삼 자락이 어슬녘을 재촉한다.

모자 상母子像

아들에게 기대어도
휘청대는 노구老軀 한 채

잔잔히 펼친그림
노을에 물이 들면

눈 깊이
음각돼오네
미리 보는 내 모습.

망향가 望鄕歌

하얗게 바랜 날을 별 밭 아래 펼쳐놓고
시간의 갈피 속을 온밤 내내 뒤척이며
아슴한 기억 더듬어 고향 산천 그려본다.

몇 마리 송사리가 반두에 팔딱이고
장대 끝 반짝이는 반딧불 따라 쫓던
그날을 퍼 올리면서 영이, 철수 불러본다.

물어도 대답 없이 무심히 흐르는 강
바람에 실려 오는 휴전선 너머 소식
새뽀얀 비단 자락에 파노라마 펼친다.

향수鄕愁·2

둘러앉은 저녁식탁 소곤대다 깔깔대다
봄나물 조물조물 한 상 그득 차린 엄마
냉이에 바지락 듬뿍 된장찌개 그 감칠맛.

뇌리 속 잔상들을 낯선 땅에 부려놓고
돌아갈 기약 없어 눈 감아 그리면서
비 오는 외진 돌담길 고달프게 걷고 있다.

기울이면 귓전으로 여울지는 골물소리
남북의 들판 질러 거침없이 흐르건만
끝끝내 헐지 못하나 녹이 슨 철조망을.

넋두리

아늑한 자궁 속이 울컥 그리운 날
먼 산허리 아지랑이 스멀스멀 몰려와서
다 낡은 유년의 초상 건네주고 싱긋 웃네.

영근 별 은하 강에 총총히 박힌 이 밤
세월 깁다 옹이가 된 보석 같은 족적들을
새도록 두레박 가득 애면글면 퍼 올린다.

망중한에

버선발 사뿐 올려 살풀이춤 한판 출 때
화관 얹은 머리 위로 나비 날 듯 하얀 수건
한바탕 굿거리장단에 온 둘레가 들썩인다.

나른한 어느 오후 설핏한 낮잠 속에
못 이룬 춤꾼의 길 짓눌려져 박힌 한을
한 토막 꿈을 빌려서 갈채 속에 풀어낸다.

힐링 Healing

청보리 익어간다
한껏 푸른 오월 들녘

자연의 숨소리로
귀를 맑혀 걷다 보면

지친 맘
달래주려나
무지개가 피고 있다.

성취의 길

조물주 뜻을 따라 연출하며 떠밀리다
때로는 휘청대며 무너지고 싶을 때도
맑은 피 도는 소리에 두 주먹을 불끈 쥔다.

멈춤은 도약이란 또 하나의 다른 세상
더 멀리 날고 싶은 새로운 출발이라
결기로 호흡을 다스려 신발 끈을 조인다.

여망餘望 · 2

한세상 희비喜悲 안고 잠시 머물 여로인 걸
우주의 자궁 안에 점 하나로 점지됐네
먼 고향 두고 온 하늘엔 나의 별이 외롭겠다.

물소리 맑은 골짝 둥지 하나 지어놓고
자연의 품에 안겨 살아온 날 풀어가며
굽은 등 서로 기대어 글썽이다 웃고 가리.

능선에 올라

너른 숲 들머리로 노을빛 자박대고
오두막 작은 창가 물안개 기웃하면
자목련 이울어가네 잎새 바람*혼자 울고.

하늘 더 붉어지네 산 그림자 짙어올 때
갈증 난 내면세계 맑게 깨워 닦으면서
잔잔히 고요를 풀면 명시 ^{名詩} 한 수 낚아질까.

* 4월의 봄바람

자랑스러운 임

육이오 전란 그 후 격동하는 세파 속에
모진 날 태질 하듯 맞서 오신 어머니는
산 역사 증언을 하는 이 시대의 푯대다.

이슬 담긴 정화수로 비손하며 사는 동안
숨죽인 북녘땅엔 별마저 숨어 떠도
또다시 유월은 와서 산나리를 피운다.

야생화

포성을 가락 삼던 유월 산하 외진 골에
바람 맞서 흔들리며 생긋대는 여린 들꽃
울 엄니 눈물을 닮아 저리 곱게 피었네.

긴 날의 작은 소망 무지개에 걸어두고
밤낮을 애절하게 기도하는 여심같이
비바람 두려워 않고 꺾이어도 피는 꽃.

고요 속에서

가쁜 숨 가다듬어 맥박을 다스리면
푸른 혼 일깨우는 그 어느 손길 있어
품 가득 맴도는 기쁨 은혜로이 넘쳐난다.

무량의 그리움이 한 겹 한 겹 덧칠할 때
초롱한 별빛 뒤로 웃는 얼굴 떠올라라
내 삶 속 등불 되시는 어머니란 아픈 이름.

어린 새댁

볼 붉은 새아씨가 한 가문에 몸을 묶어
품은 꿈 잡으려고 허리띠를 졸라매며
다디단 꽃길 유혹을 당당하게 뿌리친다.

긴 역경 흐린 날들 숨 가쁘게 버텨가며
어둠까지 쓸어내는 옹골찬 맏며느리
손금이 다 닳도록 빈다 보이지 않는 손길에게.

어느 오후에·2

울컥 외로워서 끝이 없는 길을 간다
긴 세월 풍랑 속에 수척해진 내 반쪽이
등줄기 굽어진 채로 하회탈같이 웃는다.

능선 아래 반짝이며 펼쳐 있는 샛강에는
수중발레 공연하듯 물고기들 찰방댄다
삶이란 한 줄기 바람 순간 속에 살고 있다.

가을, 익어 가는데

하늘 더 높아지네, 외로움도 깊어지고
말벗이 그리운 날 강을 따라 거니는데
물새들 높 낮게 날며 반갑다고 말을 건다.

여리던 잎새들이 가을볕에 철이 들어
가지 끝에 매달린 채 홀로서기 익히는가,
조용히 저물어가며 늦사랑도 배우렴.

푸른 날 고이 접고 가을빛에 젖은 단풍
내 가을도 철이 들면 저리 곱게 물들려나,
땅거미 내리기 전에 꿈나무를 심으리.

기도

파르란 달빛 아래 떫은 감 단물 들고
가을벌레 시를 읊네, 툇마루엔 소슬바람
정밀 속 두 손 모을 때 세미한 음성 들린다.

가슴 속 응어리도 덧쌓인 상처들도
태산 같은 한숨까지 부처께서 맡기라네
허욕은 만병의 씨앗 백팔 배로 씻으라네.

석류

노을빛 익은 강가
물안개 자오록해

기다림에 지친 몸짓
열어젖힌 붉은 가슴

고요 속
피를 토하네,
나를 닮은 홍보석.

봄, 그리고

얼음장 저 밑으로 봄 아씨가 지나시나
물오른 버들개지 연두 치마 갈아입네
꽃소식 환한 냇가에 웃음꽃도 줄을 잇네.

내 가을 수채화가 마르지도 않았는데
함박눈 퍼붓던 밤 돌담길도 걸었는데
여전히 새봄은 와도 제자리에 서 있네.

금단의 땅

그 숱한 세상 풍파 의연하게 맞서가며
마을을 지켜 주는 당산나무 듬직한 곳
그림자 길게 남긴 채 고향의 품 뒤로했다.

네모난 작은 창에 고운 단풍 날리는데
야트막한 토담굴뚝 생솔 타는 연기 나네,
외진 골 오두막집엔 수숫대가 혼자 놀고.

목말 타던 유년의 뜰 돌아갈 날 알 수 없어
꿈을 빌려 찾은 곳에 개구쟁이 어딜 가고
백발 된 낯선 얼굴만 옛 기억을 줍는다.

모난角 돌의 꿈

못생긴 돌 하나가 옥구슬이 되고 싶어
제살 깎는 아픔까지 세월 속에 굴려가며
허상虛想을 다 털어낸다 반질반질 윤이 나게.

각角진 몸 닳고 닳아 동글동글 예쁜 맵시
영롱한 울림으로 말간 영이 살아나면
여울에 윤슬과 놀며 옥빛으로 반짝인다.

어느 폐선

해일이 할퀴고 간 갯벌에 발이 묶여
우렁차게 고동 불며 출항하는 배를 본다
허구 속 실체를 찾던 우매함을 후회하며.

썰물 뒤 볼쏙볼쏙 갈게들 분주한데
기울어진 수평선에 걸려있는 노을빛이
부서진 선창을 뚫고 그림자를 늘여간다.

백련사 동백의 숲

시공을 건너온 듯 전설이 겹겹 쌓인
육백년 백련사에 고즈넉한 동백의 숲
다산도 이 오솔길을 사색하며 걸었으리.

빗방울 연주 같은 악보를 그리면서
발정 난 꽃송이들 하르르 떨어질 때
한 자락 붉은 카펫엔 금강경이 깔린다.

묵직이 범종 울고 나도 우는 그윽한 밤
야윈 가슴 다독이며 소곳한 불자 되어
속세간 쌓인 죄업을 부처님께 공양한다.

어머니의 강

한여름 땡볕에도 한 결만을 바라보며
뭉게구름 띄워놓고 산 그림자 품은 채로
어머니 당신의 강은 마를 수가 없네요.

한 세월 눈비 속을 숙명처럼 흐르면서
수제비 끓여놓고 저녁상 차리시다
창밖에 나뭇가지를 만장挽章이라 하셨나요.

찬비 내리는 날 멈춰버린 바이탈 사인vital sign*
차라리 가쁜 호흡 "편안하다" 하셨지요
빈 가슴 쓸어내리며 새벽별을 봅니다.

* 사람이 살아 있음을 보여주는 맥박, 호흡, 체온, 혈압, 심장
  박동 등의 측정치.

회상

숙명처럼 흐르는 강 멈출 수 없음같이
계절도 절로 돌아 54회 결혼의 날
오이도 두고 온 발자국 추억 찾아 나섰네.

물새들 끼륵대며 높 낮게 반겨날고
아득히 빨간 등대 그 자리를 지키는데
수평 끝 거룻배 한 척 섬처럼 떠 졸고 있네.

스물여섯 꽃띠가 머리를 얹고 난 후
작두 위 칼춤 추며 품은 꿈을 일궈 냈다
달려갈 여생의 행로 일곱 빛깔 꽃길이네.

이별, 그 후

첫새벽 서릿바람 속살까지 휘젓는데
울음 참고 하늘 향해 애써 웃던 그날의 너
그리워 강기슭에 와 선한 눈매 퍼 올린다.

헛발질 휘청대도 실낱 희망 그 하나로
엇갈린 인연인 걸 원망 않고 저물다가
늘그막 스친다 한들 차마 너를 어쩔까.

일용직 근로자

길잡이로 나선 샛별 서둘러 반짝이고
선잠 깬 고요마저 큰 박수로 응원할 때
순 눈 위 발자국 남기며 인력시장 찾는다.

차출 번호 뽑아든 손 슬며시 합장하고
찬바람에 굳어진 몸 곁불 빌려 달래는데
축 처진 어깨너머로 뜨는 해가 고깝다.

밭은 숨 고르면서 외줄 타듯 하루하루
일당 몇만 원에 끼니가 걸렸지만
불사조 절망은 없다 하늘 나는 꿈을 꾼다.

가을 산책길

파란 물 뚝뚝 질 듯 구름 한 점 없는 하늘
조물주의 걸작들이 조화로이 펼쳐져서
무채색 수묵화 되어 호수 위에 얼비친다.

세월이란 길잡이가 내 손잡고 예까지와
깊어진 계절 속을 타박타박 들어간다
그 숱한 모든 사념邪念들 멍에처럼 걸머지고.

평설

이상향을 향한 그리움의 빛나는 노정路程
-김은자의 시조와 시세계

이석규(시조시인, 가천대학교 명예교수)

1. 들어가며

　김은자 시인의 시 세계는 '사랑'이라고 하는, 더 근원적이고 원초적인 터전 위에 세워진다. 그는 사람을 사랑하고 사물을 사랑하며 그들이 가꾸어내는 현상을 사랑한다. 그것들 사이에 보이지 않는 관계와 교감 그리고 그것들의 선함에 대하여, 그것들의 조화調和와 아름다움에 대하여 무한한 애정으로 가득 차 있다. 그의 시 정신은 그것을 추구하고 실현하며 누리고자 하는 희망으로 끝없이 출렁거린다.
　설혹 그 대상의 부재나 상실로 인하여 텅 빈 자리가 아프게 드러난다 할지라도, 그곳은 순식간에 그리움으로 채워진다. 그러므로 그의 그리움은 사랑이 변형한, 순수한 진정眞情의 울림이다.
　그의 진정은 자신의 주관에 함몰되지 않고 언제나 반석

같은 진실에 기초한다. 그러므로 어떤 치우침이나 탐심은 찾아볼 수 없다. 오로지 헌신과 희생에서 피어나는 너와 나, 그리고 우리 모두의 평안과 평화를 간절히 갈구할 뿐이다. 그것은 긍정과 인자한 본성에서 자연스럽게 발현되는 것이므로 누구에게나 호소력이 있고 공감과 감동을 자아내기에 충분하다. 그리하여 옹졸하지 않고 대범하며, 흔들리지 않는 태산과 같다.

그의 시조를 보면, 깊이 있어 좀처럼 드러나지 않는 내공의 힘이, 일상의 일과 기억 그리고 상상 속에 투영되고 있음을 알 수 있다. 작고 사소한 소재를 통하여 구체적 체험의 진실을 환기시키는 언어의 유희가 일품이다.

한마디로 김은자 시인의 시 세계는 사랑과 그리움을 끝없이 방출해 내는 전인적 이상향을 지향한다. 그리하여 그는 끝없이 그 원적지를 탐구하고 탐닉하기를 쉬지 않는다.

2. 고향

(1)

누구나 그렇듯이 첫 경험이 중요하다. 대부분의 사람들의 세상에 대한 첫 경험은 부모형제와 함께한다. 그 속에서 자신을 주인공으로 하는 세상이 펼쳐진다. 이렇게 모든 것은 고향으로부터 시작되는 것이다.

고향이 마음속에 실존하는 사람은 많은 것을 이루어낸

다. 이상을 실현하기 위해 어려움을 극복하며 최선을 다하되 절망하지 않는다. 거짓이나 시험에 넘어지지 않고 그것을 이겨낸다. 진정한 마음의 고향은, 그곳의 주인공으로서 누리는 높은 자존감에서 오는 희망과 긍정의 에너지를 끊임없이 공급하고 있기 때문이다.

  둥지를 떠난 화살 어디쯤 가고 있나
  예감은 무뎌지고 육신은 낡아져도
  마음은 색동옷 입고 앳된 날을 그린다.
          「본향을 그리며」 부분

  몇 마리 송사리가 반두에 반짝이고
  장대 끝 반짝이는 반딧불이 따라 좇던
  그날을 퍼 올리면서 영이, 철수 불러본다.
          「망향가」 부분

  빛바랜 앨범 속에 여전히 너흰 웃고
  고무신 어지럽던 댓돌 아래 꽃밭에는
  톡 톡 톡 비둘기 한 마리 옛 기억을 쪼고 있다.
          「어느 오후에·1」 부분

  둘러앉은 저녁식탁 소곤대다 깔깔대다
  봄나물 조물조물 한 상 그득 차린 엄마
  냉이에 바지락 듬뿍 된장찌개 그 감칠맛.
          「향수·2」 부분

  이 시조들에서 보듯이 "예감은 무뎌지고 육신은 낡아"졌다고 하는 현실에서, 시인의 마음은 오히려 '색동옷 입고 앳된' 모습을 그리워한다. 냇가에서 함께 버들치를 잡고 반딧불을 좇던 어린 날이 그대로 생생하게 눈앞에 떠오르는가 하면, '빛바랜 앨범 속에서도 그 시절 아이들은 순진하고 순박한 얼굴 그대로 깔깔대며 웃고 있다. 고무신이 어지러운 댓돌을 지나, 마루에서 또는 골방에서 여럿이 왁자지껄하며 시간 가는 줄 모른다. 가족이 모여 앉아 "냉이에 바지락 듬뿍 감칠맛 나는 된장찌개를 즐기던 그 순간이 앨범을 들여다보듯이 선명하게 나타난다. 이것이 김은자 시인의 간직하고 있는 어린 날 곧 고향의 모습이다.

어디 설명이 있나? 어느 구석에 추상적 표현이 있나? 어려워 이해 못할 데가 있나? 어디 자연스럽지 못한 부분이라도 있나?

그의 시조는 그냥 편안하고 자연스럽다. 짧은 시조의 정형을 철저히 지키면서 할말은 다한다. 게다가 구체적이고 감각적이기까지 하다. 설명이나 부연 따위는 눈을 씻고 찾아도 보이지 않는다. 오히려 그 짧은 몇 마디가 서로 조화를 잘 이루면서도 자연스럽다. 그렇게 독자와의 교감과 공감을 유도한다. 썩 잘 쓴 시조라고밖에 달리 할 말이 없다.

(2)
고향이 그렇게 그리운 건, 평생을 다하도록 시도 때도 없이 떠오르는 건, 무엇보다도 그 속에는 언제나 다정하고 친절한 사람들, 사랑하는 사람들이 살고 있기 때문이다. 부모형제는 물론 정답던 벗들, 이웃들이 언제나 함께하는 곳이 바로 고향인 것이다. 따라서 김은자 시인의 사람에 대한 애정은 깊고도 진하기 그지없다.

> 깎아낸 손톱같이 휘어졌네, 엄마의 등
> 여기저기 삐걱대도 '괜찮아'만 하시다가
> 기어이 두견새 울음 되어 베개 가를 지키신다.
> 　　　　　　　　　　　　　「사모곡」 부분

> 육이오 전란 그 후 격동하는 세파 속에
> 모진 날 태질 하듯 맞서 오신 어머니는
> 산 역사 증언을 하는 이 시대의 푯대다.
> 　　　　　　　　　　「자랑스러운 임」 두 수 중 첫수

먼저 어머니부터 살펴보자. 당신 자신의 고통은 눈곱만큼도 돌보지 않고, 그 몸이 무너져 손톱같이 휘어지도록 자녀들만을 보살피고 다독여 주신다. 그런 어머니의 모습은, 생전은 물론 그분이 떠나신 후 수십 년이 지나, 다시 화자의 평생이 저물어가도록 베갯머리를 떠나지 않는다. "안간힘 모아 모아서 길잡이로 깜빡이며"(「사모곡」 일부), '격동하는 세파 속에' 꿋꿋이 가족과 가정을 지켜 오신 어머니시다. 자녀들을 위하여 정성껏 음식을 마련하시고는 웃는 얼굴로 '밥 먹자'(「고향집을 찾아」 일부)며 다정하게 부르시던 그 포근한 음성이 지금도 귓가에 맴돈다.

그의 시조 곳곳에서 수도 없이 나타나는 어머니에 대한

사랑과 그리움은, 그것이 이 겨레, 특히 우리 또래의 보편적 현상이라 할지라도, 유별나다고밖에 달리 표현할 수 없을 정도이다.

    노을을 밟으면서 따라나선 산책길에
    반쪽의 뒷모습이 그믐달을 닮아 있어
    스스로 되돌아 보네 세월보다 내 탓 같아.

    고운 임 머리카락 갈꽃처럼 물이 들어
    시아버님 마주한 듯 착각되는 늘그막이
    애잔한 새벽달같이 이울어만 갑니다.
                                     「내 큰 탓」전문

    울컥 외로워서 끝이 없는 길을 간다
    긴 세월 풍랑 속에 수척해진 내 반쪽이
    등줄기 굽어진 채로 하회탈같이 웃는다.
                                  「어느 오후에·2」일부

    무상無常을 휘감은 채 갈대로 웃으면서
    노을 진 들녘에서 네 얼굴을 그려 본다
    이 밤엔 꿈길 달려와 한 박자만 쉬어가렴.
                              「이 가을, 널 그리며」둘째 수

  추녀 끝 고드름 떨어지는 소리와 함께 눈앞에 아른거리며 떠오르는 '뒷짐 진 아버지의 초상'「향수·1」에서는, 은근해서 오히려 더욱 간절한, 아버지 대한 그리움이 절절하게 나타나 있다.

그 사랑은 다시, 반평생을 훌쩍 넘도록 함께한 남편에 대한 사랑으로 이어진다. 어느새 '그믐달을 닮은'듯 노쇠한 자신의 반쪽을 바라보는 눈길은 애잔하기만 하다. 세월을 탓하기보다 자신을 탓하는 헌신적 사랑의 뜨거운 진심도 만나게 된다.

물론 아들에 대한 사랑 또한 예외가 아니다. 잘 키우고 잘 가르쳐 외국으로 보낸 아드님의 모습이 그리워, 그리워서 꿈길에서 잠시 잠깐만이라도 만나보고 싶은 마음이 곡진하다 못해 아프기까지 하다.

> 연둣빛 순정 하나 들킬세라 싹 틔우며
> 한 주머니 두 손 넣고 그냥 좋던 나날들
> 물안개 자오록하다 둘이 걷던 강가에.
> 　　　　　　　　　　　　「잠 못 드는 밤에」 부분

> 삘기 꽃 하늘대는 해거름 녘 강가에서
> 삐비 불며 천진스레 깔깔대던 그 나날이
> 언제쯤 지워지려나, 지울수록 생각나.

> 춘삼월 싸락눈이 어둑어둑 내릴 때면
> 아기 물새 죽지 터네, 새 숨결 흐르는 강
> 어디쯤 낚대 늘이면 시조 한 수 낚아질까.
> 　　　　　　　　　　　　「낙조에 물들어」 전문

마음의 고향에는 젊은 날 사랑을 주고받던 연인에 대한 그리움이 간직되어 있는가 하면, 황혼 녘 강가에서 깔깔대던 맑고 순결한 영혼들에 대한 추억도 멋진 시조로 남기지 않을 수 없을 만큼 아름답다.

위에 예시한 시조 몇 수는 그냥 일부에 지나지 않지만, 짧은 몇 마디로 현실보다 더 실감나게 그 시절을 살려내고 있다. 그 속에는 천진한 마음이 있고, 어린 동기들과의 추억이 있으며, 사랑하는 사람들의 자애로운 온기가 고여 있다. 그리고 어린 눈으로 보는 계절마다의 특색 있는 동화 같은 이야기들이 잔뜩 숨어있다. 그것이 그의 본향의 본모습이다.

(3)

김은자 시인의 작품에 나타나는 고향은, 전체적으로 보면 결국 같은 목표를 향하고 있지만 상반되는 두 가지의 양상을 띠고 나타난다.

하나는 익숙하고 편안하며 세상에서 가장 아름다운 곳인 동시에 사랑하는 사람들과 정답게 교감하는 보금자리다. 대부분의 사람들이 그리워하며 가서 살고 싶어 하는 별유천지別有天地의 이상향이다.

또 하나는 한평생에 두 번 경험하기에는 너무 끔찍한 전쟁의 참담한 체험과, 잃어버린 보금자리에 대한 안타까운 한恨이 서려 있다. 모든 것을 앗아간 그러나 피할 수 없는 전쟁의 무자비한 폭력에 의한 트라우마적 상처이다. 그러나 역설적이게도 비극 이전의 곳에 존재하는 고향에 대한 애착과 그리움은 오히려 더욱 크고 절절하다. 그것은 김은자 시인으로 하여금 역지사지易地思之를 통한 방하착放下著을 내면화하게 한다. 다시 말하면 그 통증은, 더욱 크고 높은 사랑의 경지를 이루는 계기가 되는 것이다. 우리 역사와 문화에 대하여, 국토와 겨레에 대하여 경기驚氣를 하듯 애절한 사랑으로, 다시 말하면 애국충정愛國忠情으로까지 넓고 깊게 자라난다.

> 남녘을 그리다가 용단 내린 탈북의 길
> 별빛조차 없는 강을 노櫓도 없이 건너는데
> 관측소 서치라이트 번개 치듯 훑어 댄다.
>
> 산도 물도 낯선 땅 하늘을 지붕 삼아
> 맨발로 작두 타듯 살아내는 하루하루
> 첨탑 위 붉은 십자가 와서 쉬라 손짓한다.
> 　　　　　　　　　　　　「새 터를 찾아」부분

별빛조차 볼 수 없는 캄캄한 밤, 탈출을 막기 위한 전선 관측소의 서치라이트가 간헐적으로 훑고 지나가는 강을, 노櫓도 없이 숨죽이며 건너서 북녘땅을 벗어났다고 한다. 얼마나 긴장되고 두려웠을까! 천신만고 끝에 도달한 남녘의 낯선 땅, 가진 것도 아는 사람도 없는 피난생활이 시작된 것이다, 그래도 그 속에서 십자가로 제유提喩되는 자유의 분위기에 조금씩 안도한다. 그렇게 그의 두 번째 인생의 서막이 오르게 된다. 그러나 내면에 깊숙이 남아 있는 충격의 상처는, 수십 년의 세월이 지나도록 그의 가치관과 행동 반응을 지배·간섭하고 있다.

> 코로나 판세 속에 헛소문만 낭자하다
> 선민善民들의 성난 함성 영혼마저 빼앗길라
> 작달비 쏟아붓듯이 이념의 벽 두드린다.
>
> 산불에 물난리에 흉흉한 나날인데
> 민주도 민족혼도 무너질까 울부짖네
> 불 번개 내리치기 전 부실한 벽 다시 쌓자.
>
> 「울부짖다」 전문

화자는 갑자기 나타나 순식간에 세상을 압도해 버린, 코로나 시국을 어리던 날에 겪었던 전쟁과 동일시한다. 피할 수 없는 또 하나의 트라우마로 받아들이고 있는 것이다.

코로나 충격에서 화자는 "선한 백성들의 성난 함성은 작달비처럼 이념의 벽을 두드리거나, "민주도 민족혼도 무너질까 울부짖는" 환청을 듣는다. 그리하여 "불 번개 내리치기 전에 부실한 벽을 다시 쌓자"는 진정어린 호소가 저절로 흘러나온다. 자라 보고 놀란 가슴 솥뚜껑 보고 놀란다고 하지 않는가. 그냥 웃어넘길 일이 아니다. 율곡栗谷이나 충무공이 느끼고 주장했던 유비무환有備無患의 애국충정愛國忠情이 시인의 가슴 깊은 곳에서 요동치고 있음을, 그의 시조 곳곳에서 만나게 된다. 가족과 벗들과 겨레, 그리고 그들과 함께하는 너무도 소중한 이상향을 어떻게든지 지켜

내고자 하는 안타까운 염원이 아니겠는가!

    기울이면 귓전으로 여울지는 골 물소리
    남북의 들판 질러 거침없이 흐르건만
    끝끝내 헐지 못하나 피멍이 든 철조망을.
                                   「향수 · 2」 전문

    고향의 보름달이 그리움을 잣는 이 밤
    무심한 청설모는 철책 구멍 넘나들고
    활짝 핀 하얀 초롱꽃 순찰길을 밝혀주네.
                                   「전선의 밤」 부분

    물어도 대답 없이 무심히 흐르는 강
    바람에 실려 오는 휴전선 너머 소식
    새뽀얀 비단자락에 파노라마 펼친다.
                                    「망향가」 부분

  70년도 더 지난 6.25 때 설치되어 지금도 앞길을 가로막는 녹슨 철책 앞에서 시인은 "고향에도 떠오를 그 보름달을 그냥 바라만 볼 수밖에 없는 현실이 안타깝기 그지없다. 여기서 철책은 겨레의 의도나 소망과는 아무 관계도 없는, 이념의 완강한 억압과 통제의 상징물이다. 잃어버린 고향을 찾는다는 것은 아예 불가능하므로, 가슴이 미어지지만 속수무책으로 절망할 뿐이다. 오히려 철책 구멍을 넘나드는 청설모가 부럽기까지 하다.
  6.25는 누구를 위한 전쟁이었던가? 누가 그 많은 사람을

죽음으로 몰고 갔으며, 무슨 권리로 아직까지도 그 많은 사람들의 가장 원초적인 소망과, 함께 만나 살 권리를 억압하는가, 그 누가 민족의 간절한 염원에 영원히 치유할 수 없는 타격을 줄 수 있다는 말인가!

결국 전쟁의 상처는 필연적으로 그의 사랑의 영역을 애국충정으로 이어지게 만든다. 오랜 세월 혼신을 다해 이루어낸 작은 행복과 사랑하는 사람들을 지키기 위하여 본능적으로 키워온 평화의식의 자연스러운 발로이리라.

> 살점 하나 떨궈 놓고 어미는 안달이다
> 독립문 닮은 돌섬 솟는 해 반기면서
> 피어린 역사를 토해 온 백성을 일깨운다.
>
> 조상의 숨소리로 겨레의 얼 이어가며
> 옥빛 하늘 받쳐 든 검푸른 저 바다는
> 수병守兵 둘 총대 세우고 단군의 땅 지킨다.
>
> 「독도」 전문

우리에게 노상 애처로움으로 다가오는 독도는 국토의 막내아들, 막냇동생의 아이콘이다. 그 작고 어린 막내 하나만을 멀리 세파에 떨궈놓은 어미처럼, 독도를 생각하는 시인의 마음은 매양 안쓰럽다. 독도를 자기네 땅이라고 우기는 무리가 있기에 더욱 마음 쓰인다. 시인은 외친다. 피어린 역사를 토해내듯 요동치는 격랑의 파도 속에서, 모습도 독립문을 닮은 외로운 작은 돌섬 독도는, 그 존재만으로도 우리의 역사적 현실에 대하여 온 백성을 일깨우고 있다고.

두 개의 바위산으로 이루어진 독도는 "검푸른 동해바다가 국토를 지키기 위해서 세워놓은, '총대를 잡고 있는 두 명의 수병'이란다. 은유가, 감정이입이 매우 적절하고 절묘하기 그지없다. 검푸른 바다는 거센 우리 겨레의 의지요 애국충정일 터이다. 게다가 '단군의 땅'이란다. 사실이면서도 대유代喩다. '단군의 땅'보다 더 적절한 언어가 있을까? 너무나 당연하면서도 미처 생각하지 않았던 부분을 탁 틔워주는 느낌, 언어의 묘미가 극대화되는 순간이다.

시인의 독도에 대한 애절하고 끔찍한 사랑, 국토 사랑의 충정衷情이 깊은 공감으로 울려온다.

벼랑 끝 겨운 삶에 휘어지고 비틀려도
바람이 함께 울고 햇살이 다독여 줘
지난한 풍상 견딘다 순리에 순응하며.

다문다문 박힌 옹이 어르고 삭이면서
결기로 고집스레 절개를 지켜낸다
그 위용 당당하여라 조선 얼의 표상이다.

「노송」 전문

어쩌다 벼랑 끝에 자리 잡았다. 그러나 노송은 개의치 않는다. 오직 인내와 노력으로 비바람, 눈보라에 휘어지고 비틀어지면서도 고난의 삶을 견뎌낸다. 그렇게 살아왔다. 시인은 그 노송을 바라보며 민족을 생각하고 조상의 얼을 떠올린다. 한편 시리고 아픈 억압과 분란의 세월을 '바람이 함께 울'어주고, '햇살이 다독여 준' 사실도 잊지 않고 있다. 하늘의 감동, 곧 감천感天을 이끌어낸 우리 조상들의 지성至誠을 다한 음덕陰德이요, 순리에 순응하면서 지난한 풍상을 견디어낸 위대한 유산이기 때문이다. 여기저기 혈행血行을 막고 있는 옹이는, 날카로운 왕모래를 속살로 감싸 안고 진주를 만들어내고, 또는 구리를 갈아 거울을 만들어내던 선열들의 인고忍苦의 상징물이다. 다시 말하면 모든 것을 '어르고 삭여낸' '인내와 결기', 그것이 바로 조선 얼의 긍지요 당당함이다. 기상이요 표상인 것이다.

시인의 이 옹이 박힌 소나무 예찬은 수천 년 역사 속에서 수도 없는 역경을 이겨낸 민족정신에 대한 제유提喩이기도 하다. 김은자 시인의 나라 사랑이 여기에 이르고 있다.

3. 완숙을 지향하며

(1)
한바탕 몽니부린 꽃샘추위 지난 뜨락
하얀 깃 아기 샌가, 가지 끝에 봉오리들
소곳이 밝혀든 촛불 기도하는 엄마 같다.
「백 목련」 전문

김은자 시인에게 진정으로 아름다운 것은 대개가 기도

로 귀착된다. 백목련 봉오리의 아기처럼 작고 순결한 모습에서 촛불, 곧 밝음을 향하여 소망을 치켜든 기도하는 엄마를 본다, 그렇게 시인은 새로 솟는 백목련 봉오리를 바라보며 마음의 순화를 학이시습學而時習한다. 탁세에서 선함과 아름다움을 가꾸고 있음이다.

> 멈춤은 도약이란 또 하나의 다른 세상
> 더 멀리 날고 싶은 새로운 출발이라
> 결기로 호흡을 다스려 신발 끈을 조인다.
> 　　　　　　　　　　　　「성취의 길」 부분

젊어서가 아니다. 인생은 육신에 의해서 좌우되는 것만은 아니다. '때로는 휘청대고 무너지고 싶을 때도' 있고. 멈추지 않을 수 없을 때도 있다. 그때마다 신발 끈 조이고 두 주먹을 불끈 쥔다. 성취를 향하여, 성숙을 향하여 나아가는 것, 그것이야 말로 나이를 떠나 진정 살아 있다는 것을 증언하는 길이다.

> 물소리 깊어가고 바람결엔 산새 소리
> 헐거워진 관절 마디 귀를 맑혀 조이면서
> 청심淸心을 불러들인다, 종이학을 접으며.
> 　　　　　　　　　　　　「자연, 그리고」 부분

이제 관절 마디가 헐거워진다. 그러나 그럴수록 더욱 자연의 섭리를 긍정의 눈으로 바라보며 마음을 맑힌다. 내일

지구가 멸망할지라도 나는 오늘 한그루의 사과나무를 심
겠다는 말 그대로다.

 이상을 통하여 김은자 시인은 세상을 얼마나 깊은 애정
의 눈길로, 심미적 감각을 가지고 바라보는지 알 수 있다.
그의 사람됨이 매사에 긍정적이며, 한계 너머까지 성취하
고 성숙하고자 끝없이 노력하는 분이라는 것을 웅변으로
말해주는 부분이다. 그것은 어떤 여건에서도 스스로의 운
명을 스스로 선택하고 결정해 나아가는, 이를테면 존재하
는 것이 아니라 실존하고 있음을 보여주는 것이다.

 (2)
　　손톱 밑 굳은살에 손끝 놀림 무디어져
　　건반을 떠나려니 막막하고 먹먹하다
　　엮어온 깊은 연륜까지 쌈박하게 놓아야지.
　　　　　　　　　　　　「오십 년을 걷다 보니」 부분

　　동화 속 설경 한 폭 눈에 드는 창가에서
　　움켜쥔 손 펼쳐 보니 바람마저 한 점 없네,
　　이제는 허욕을 놓고 하늘 향해 웃으리.
　　　　　　　　　　　　「창밖엔 눈이」 부분

 오십 년간이나 열정을 쏟았던 피아노 교수를 퇴임하는
일은, 단지 가르침을 그만두는 데서 그치는 것이 아니다.
전공지식이나 기능을 포함한 모든 경륜을 내려놓는 일이

다. 그것은 인생 자체를 의미할 수도 있을 것이다.

화자는 눈 덮인 동화 속 마을이 주는 깨달음으로 순화된다. 그리하여 모든 허욕을 내려놓겠다는 것이다. 그리고 마음껏 웃겠다는 것이다. 모든 것을 내려놓음에서 오는 해방감을 만끽하겠다는 것이다.

> 익살스레 웃어주는 산문 앞 장승 한 쌍
> 뎅그렁 법고 울어 정신 활짝 들어본들
> 따라온 탁세의 미련 놓지 못할 이 무지.
> 　　　　　　　　　　　　「덧없음이여」 부분

세상의 오탁을 말끔히 잊고 익살스레 웃어주는 산문 앞 장승을 바라보며 어린아이 순박함을 발견한다. 간절한 독경 소리를 들으며 순리 따라 살려고 옷깃을 여민다. 진실로 겸허하고 경건한 태도다. 이처럼 사람이 성숙하여 세상을 이해하는 것은 공자의 이른바 이순耳順에 해당한다. 순리를 따라 사는 것은 종심소욕불유구從心所欲不踰矩에 다름 아니다. 여기서 그는 뎅그렁 울리는 법고 소리 그 장중한 순수에 감동하여, 미처 탁세의 미련을 내려놓는 문제에 관하여 자신을 한 번 더 채찍질하는 모습을 볼 수 있다.

사실 마음을 비우고 속세의 오욕을 깨끗이 털어내기란 말이 그렇지 결코 아무나 할 수 있는 경지가 아니기 때문이다.

> 능선 아래 반짝이며 펼쳐 있는 샛강에는
> 수중발레 공연하듯 물고기들 찰방댄다
> 삶이란 한 줄기 바람 순간 속에 살고 있다.
> 　　　　　　　　　　　「어느 오후에」 부분

　삶이란 화자에게 한 줄기 바람이요, 그 바람과 같은 순간 속에 바람 같은 인생을 살고 있음을 실감한다. 다시 말하면 삶의 순간순간 일어나는 형상 곧 사물, 사건, 사실들은 성철 스님의 말씀대로 산은 '산이요 물은 물'로서의 그것이다. 속되게 물들지도 않고 화려하게 꾸미지도 않는다. 그냥 부지불식간에 일상생활 속에서 드러나는 진실대로 그냥 사는 것이다. 김은자 시인은 그것을 붙들고 지키며 실현하고자 하는 것이다. 그 외는 아무것도 없다. 비우고 버릴 뿐이다.

> 황혼 녘 주름 골은 흐른 세월 탓이지만
> 못 이룬 꿈들일랑 이쯤서 훌훌 털어
> 기어이 돌아갈 본향 무소유로 가리라
> 　　　　　　　　　　　　　「텅 빈 옛집」

　이 시조에서도 화자는 버리고 비우고 다시 채우고자 한다. 자신의 세계를 새롭게 정비하고자 한다. 관조觀照와 성찰省察로, 인생의 본질에 대한 체계를 바르게 세우고자 한다. "기어이 돌아갈 본향 무소유로 가"겠다는 것이다. 자신의 본모습 곧 진아眞我와 진정한 이상향, 곧 본향本鄕을 갈망, 추구하고 있음이다.

(3)

    둥지를 떠난 화살 어디쯤 가고 있나
    예감은 무뎌지고 육신은 낡아져도
    마음은 색동옷 입고 앳된 날을 그린다.

    한평생 두 손 모은 간절한 소망 하나
    내 심혼 은밀한 곳 임의 숨결 간직한 채
    하늘길 열리는 그날 당신 품에 들리라.
                           「본향을 그리며」 전문

  앞에서도 언급한 바와 같이 그의 임은 고향이요 부모형제와 인생의 반려자다. 다 자란 아들, 딸이고, 어린 시절의 순수한 벗들이다. 무한히 사랑하는 조국이기도 하다. 또한 그가 끝없이 지향하는 영원 속에 숨어 있는 유토피아의 실체일 터이다.

  그것은 제4차 혁명으로 인간의 본성마저 위축되어 위기와 두려움이 교차되는 21세기 초현대 문명 속에서 유일하게 기대와 위안을 주는 한 줄기 빛이다.

  따라서 그렇게 버리고 비우는 것은, 어린 시절의 색동옷 입은 마음으로 「본향을 그리며」, '임의 숨결 간직한 채 하늘길 열리는 그날 당신 품' 곧 본향에 들고자 함이다.

    물소리 맑은 골짝 둥지 하나 지어놓고
    자연의 품에 안겨 살아온 날 풀어가며
    굽은 등 서로 기대며 글썽이다 웃고 가리.
                                 「여망」 부분

그저 자연의 품 안에 둥지 하나 지어놓고 "굽은 등 서로 기대며 글썽이다 웃고 가"겠다(「여망」 부분)는 것이다. 시인의 경지가 탈속을 넘어선 것도 대단하지만, 아울러 쉬운 말, 평범한 언어들로, 단지 배열을 새롭게 한 것뿐인데, 인간의 나약함과 사랑의 소중함을 구체적, 감각적으로 섬세하게 묘사하는 필력 또한 뛰어나다고 하지 않을 수 없다. 다만 무릎 치고 공감하며 감탄할 뿐이다.

> 잎 지는 깊은 밤에 명치끝은 왜 아린가
> 정성껏 촛불 밝혀 성호聖號 긋고 하는 기도
> 비울 것 다 비운 뒤에 피안彼岸으로 들리라.
> 「돌아보다」 부분

마지막 떠나는 날엔 "비울 것 다 비운 뒤에" 정성껏 기도하면서 "피안으로 들"겠다고 한다. 너무 슬프고 또 너무 기쁘다. 그것이 인생이라고 조용히 속삭이는 시인의 말에 귀 기울이며, 격물치지格物致知를 넘어 이미 완숙 근처에 소요하고 있음을 감상하며 깊이 공감한다.

4. 마무리

김은자 시인의 시집 『시전時田의 아침』의 화두는 '고향'과 '그리움'이다.

그의 내면에 살아 있는 고향의 의미는 세월이 지나면 지날수록 더욱 발전하고 더욱 깊어진다. 그리움 속에서, 상상 속에서는 물론 무의식 깊은 곳에서도 자신도 모르는 사이에 더욱 아름답게 이상화되는 것 같다, 그러므로 그의 고향에의 애착은 향수라기보다는 스스로가 창조해낸 이상향에 대한 동경이고 그리움이다. 그러면서도 실제보다 더 현실적이어서 대부분의 그의 작품에서 은은하게 분위기 형성에 작용한다.

그의 작품에는 심미적 감각과 함께 잔잔하면서도 예리한 감수성이 번득인다. 그것을 언어로 표현하되, 구체적 체계나 구조의 구성 능력과 함께 적확한 어휘를 찾아 적당한 곳에 배치하는 능력이 탁월하다. 어휘가 풍부하고 문장력에도 달통해 있다.

비유나 이미지도 한마디로 늘 새롭다. 예측은 어렵지만 표현된 사실은 독자가 쉽게 공감할 수 있을 만큼 적절하다. 결과적으로 그의 작품들은 늘 새롭고 감칠맛 나는 매력을 풍긴다.

그의 시선은 언제나 따뜻하며 긍정적이다. 선하고 인자하며 너그럽다. 그것을 발전시키고 확대해 나아가기 위하여 스스로 헌신하고 희생하기를 서슴지 않는다.

자연과 사람을 사랑하며, 사소한 사랑 나누기에서부터 사회와 국토, 민족, 민족문화의 전통과 분위기를 깊이 사랑한다. 그리고 그것을 실천하고 신념을 가꾸어 감에 있어서 결코 멈출 줄 모르는 성실함을 보여준다.

때로는 깊은 사색과 관조 또는 기도를 통하여, 겸허와 경건을 닦으며, 탈속과 비움으로 성숙을 향한 끈을 결코 놓지 않는다. 그리하여 마음 깊이 그리는 이상향 또는 원적지에 도달하고자 하는 염원이 항상 충일하다. 참으로 젊고 건강하다.
　앞으로 육신의 건강도 챙기시며, 쉬지 않고 시조의 발전을 위하여 역할을 다하시기를 믿고 기대한다.